hometatsu 1・2・3級対応!

ほめ達！検定
公式テキスト
Official Textbook

一般社団法人 日本ほめる達人協会 理事長
西村貴好 Takayoshi Nishimura

日本能率協会マネジメントセンター

『ほめ達！検定公式テキスト』刊行に寄せて

　人のあら探しばかりしてしまうとか、良いところではなく悪いところばかりに目が行くというのは、人間が持つ本能がさせることであり、ある意味仕方のないことです。

　人は緊張したり興奮したりすると、手のひらや足の裏に汗をかきます。これは、私たちの身体に残されている生存本能です。この生存本能の名残が、周りの人の欠点や、都合の悪い出来事、懸念材料を、私たちの目の前に自動的に集めてしまいます。

　ただ、現代において私たちを襲ってくる危険な存在は、太古の人類が経験した猛獣の襲来といったものではありません。現代の私たちを取り巻き、心や身体に危害を与える本当の危険な存在とは、猛獣のようなはっきりと目に見えるものではなく、何とも言葉にできない、「ぼんやりとした不安」です。

　それは、仕事に対する不安、不安定化・流動化が進む雇用に対する不安、グローバル化の波に翻弄（ほんろう）される業界の先行きに対する不安、「景気回復」という言葉が実感できない家計に対する不安、先の見えない経済に対する不安、少子高齢化が進むこの国の未来に対する不安などです。

　こうした不安が影響しているのでしょう。日々報道されるニュースの多くは、目をそらしたくなる現実を私たちに突きつけてきます。正体のわからない不安や気持ちを暗く沈ませる数々のニュースが、私たちの心と身体に深刻な影響を与えています。

　不安や暗いニュースがボディーブローのように、私たちの心や身体を痛めつけています。それは、大人だけでなく子どもたちも同様であり、この国に暮らす皆が不安や疲労を感じながら生きているのが今の実情といえます。

こうした漠然とした不安から私たちを守ってくれるもの、それが「ほめ達」(※)というフィルターです。

(※)「ほめ達」とは、ほめる達人の略で、価値を発見する達人のことです。

「『ほめる』を漢字で書いてください。漢字は２種類です」

この正解は「褒める」と「誉める」なのですが、セミナーや講演で尋ねると、2種類の漢字を正確に書くことができる人は大変少ないのです。

一方、「しかる」に関しては、「叱る」と書くことができる人は大変多いのです。ここに「ほめる」と「しかる」に関する一般の人の理解度がよく表れています。

「ほめる」ことを何となくイメージではわかっているつもりでも、正しく理解している人は少ないのです。さらに、「ほめる」を正しく実践できている人は絶望的なほど少ないのです。

「ほめ達」が考える「ほめる」とは、心にもないお世辞を言うことではありません。叱ってへそを曲げられても困るから、とりあえず「ほめる」振りをしておくかといった安易な方法でもありません。**「ほめる」ことを人のコントロールに使ってはいけない**のです。

「ほめ達」の考える「ほめる」とは、**人やモノ、出来事の価値を発見して、その価値を伝える**ことなのです。人間の脳は究極のエコ装置です。放っておくとすぐに省エネモードに入り、「ほめる」よりも、持って生まれた「あら探し」「欠点探し」へと向かいます。あるいは、安易なラベル貼りをして、それ以上は何も考えようとはしません。

そんな怠け癖のある脳を「こき使う」ためには、「ほめる」が非常に有効です。普段は気にもしない小さな事実を見つけて、その価値を伝えるためには、しっかりとした観察や多面的なものの見方、さらには安易に貼ってしまったラベルをはがすという努力が欠かせません。

怠け癖のある脳にとってはちょっとした大仕事です。でも、そんな努力、「無意識の意識化」を続けていると、大変素晴らしいことが起きてくるのです。

　すべての出来事は「これは何のチャンスだろう」というプラスに変換すると、これまで気づかなかった小さな突破口が見つかります。これまで「何で自分ばかり」と落ち込むしかなかった出来事にさえ価値を見つけ、新たなアイデアが芽生え、**ピンチがチャンスへと変わってくる**のです。

　これまで「何て嫌な奴なんだ」と思っていた人を前に、「この人にも必ずいいところがある。それはどこだろう」と探してみると、今まで気づかなかった資質や才能が見えてきます。その資質や才能を**「事実」を踏まえてアドバイスをする**と、「嫌な人」が信じられないような変化をしてくれます。

　「ほめる」というフィルターを身に付けることで、まず自分の心が守られます。そして、「ほめ達」の「ほめる」が周りの人たちに「安心」という場を提供していくのです。

　「ほめ達」になることで、いろいろな良いことが起きるようになります。

　1つ目は、**「ほめ達」は周りの人が見過ごしている価値に気づく**ことができます。存在するのに見えていなかったものが見えるようになります。

　2つ目は、**今までわかなかったアイデアがわく**ようになります。価値に気づくことで、発想が前向きになるのです。

　3つ目は、**プラスの引き寄せが非常に強く**なります。気がつけばチャンスが向こうからやって来るようになります。

　4つ目は、**引き立てられ力が上がる**ことになります。周りをほめていると、いつの間にか自分がいないところで自分がほめられるこ

とも多くなるのです。

　「ほめ達」が身につけているものは、「どうほめるか」「どんなほめ言葉を使うか」という単なる話術ではありません。話し方術ではなく、自分の魅力と発想を高め、人から長所と能力を引き出し、周囲に活力と感動をもたらす**生き方の総合プロデュース術**なのです。
　世間では「ほめると叱るはどちらが大事か」という議論が行われますが、大切なのはどちらが大事かではなく、「誰が言うか」なのです。人間力が高い人からであれば、人は叱られても、ほめられても、どちらも感動するはずです。反対に尊敬できない人からであれば、叱られれば腹が立ち、ほめられても「何を言っているんだ」と素直に受け取ることはできないのです。
　「ほめ達」として、普通の人が気づかないような価値を見つけ、それを伝え続けていれば、自然と人間力が上がってきます。いい人が周りにいっぱい集まってきます。
　「なぜあの人の言葉は、こんなに心にすっと入ってくるのだろう」
　「なぜあの人のそばにいると、気持ちが良くてほっとできるのだろう」
　「なぜあの人は、あんなに素敵なんだろう」
　そんな言葉がもらえるのが「ほめ達」です。
　その結果、自分が「会いたい」と思う人も向こうからやってきて、知らぬ間に人から引き立てられるようにもなるのです。
　今のようなマイナス情報、ネガティブな情報が氾濫する時代に必要なのは、まさに「ほめる」人であり、「ほめ達」なのです。

　本テキストは、「ほめる話術」を皆さんに教えるものではありません。「ほめ達」が考える「ほめる」とは何かを伝え、怠け癖のある脳を「ほめ脳」(※)に変えていくためには何が必要か、「ほめ達」にな

ることで、どのようないいことが起きるのかを伝えるものです。

（※）「ほめ脳」とは、脳が常に価値を発見しようと働いている状態です。心の視野が広がって、幸せを見つけやすくなります。

　大切なのは小手先の「ほめる話術」ではなく、**人間力を高め、そして、周りの人を光り輝くダイヤモンドに変えていく**ことのできる人間になるということなのです。そうすることで、自分自身の心は正体がわからない不安から解放され、周りにあるたくさんの価値に気づき出します。そして、汲めども尽きないアイデアを生み出すことができるようになります。

　さらに、自分の周りには素敵な人が自然と集まってくるようになるのです。「ほめ達」は暗闇の中のロウソクのような存在です。周りの人たちの価値に気づき、伝え、光を当て続けていると、皆が光り輝くダイヤへと変わり、そして自分自身もその照り返しで最も美しく輝く人間になることができるのです。

　本テキストを読み進めながら、「ほめるとは何か」「ほめグセをつけ、脳をほめ脳に変えていくためには何が必要か」「ほめ達になると何が起きるのか」といったことを理解していってください。テキストを読み終える頃には、きっと「ほめる」ことの素晴らしさに気づき、「ほめ脳」になっていることでしょう。

　「ほめる」は周囲の人を幸せにするだけでなく、自分自身の人間としての成長を大きく後押ししてくれます。本テキストを手にした自分の幸運を信じて、「ほめ達」になるために一歩を踏み出してみましょう。そしてぜひ、「ほめ達！」検定にチャレンジしてください。

2013年9月

　　　　　　　　　　　　　　　一般社団法人日本ほめる達人協会
　　　　　　　　　　　　　　　　　　　　　理事長　西村貴好

1・2・3級対応！ ほめ達！検定 公式テキスト 目次

『ほめ達！検定公式テキスト』刊行に寄せて ……………………… 3

第1部 「ほめる」とは何か

❀ 1. 人の価値を発見して伝える ……………………………… 12
❀ 2. モノの価値を発見して伝える …………………………… 16
❀ 3. 出来事の価値を発見して伝える ………………………… 20
❀ 4. 今、求められているのは「ほめる」こと ……………… 24
❀ 5.「ほめる」には人や組織を変えていく力がある ……… 28
❀ 6.「ほめる」ことで生まれる奇跡 ………………………… 32

第2部 「ほめる」効果を知る

❀ 1. 脳に貼られたラベルをはがそう ………………………… 40
❀ 2. 口にするのが恥ずかしいぐらいの夢を持つ ………… 44
❀ 3. 航空力学は後付け ………………………………………… 48
❀ 4. ピグマリオン王の奇跡 …………………………………… 52
❀ 5. 若い人や子どもの未来を創造する ……………………… 56
❀ 6.「ほめ達」のリーダーとしての役割 …………………… 60
❀ 7. 微力は無力ではない ……………………………………… 64
❀ 8.「ほめ達」は最高の人生ガイド ………………………… 66

第3部 「ほめる」技術を身につける

- 1. 「初対面」のときからほめる ……………………… 70
- 2. 「名前の漢字」から相手に価値を伝える ………… 74
- 3. 短所を長所として見直そう ……………………… 78
- 4. 最高の「ほめ達」スープを作る ………………… 82
- 5. 「ありがとう」を口癖にしよう ………………… 84
- 6. 「3S」を口癖にしよう ………………………… 88
- 7. 「3S+1」を活用しよう ……………………… 92
- 8. 「ほめ達」は驚くほど成長する人 ……………… 96
- 9. 「3D」を封印しよう ………………………… 100
- 10. 話の聞き方の「8つのポイント」 …………… 102
- 11. 質問に対して「ありがとう」を ……………… 106
- 12. 組織活性化の「3つのポイント」 …………… 110
- 13. 質問して「ほめる」 …………………………… 114
- 14. 視野を広げる …………………………………… 116
- 15. 自分の価値を見つける ………………………… 120
- 16. 相手の価値を見つける ………………………… 124
- 17. プラスを引き寄せる …………………………… 128
- 18. 謙虚であっても謙遜しすぎない ……………… 132
- 19. 「ほめる」ポイントを押えて実践を積む …… 134
- 20. 人間には利き脳がある ………………………… 138
- 21. タイプに応じたコミュニケーションを取る … 142
- 22. ラベルをはがして発想を転換する …………… 144
- 23. チャンクを使ったコミュニケーション ……… 150
- 24. 成長の仕方の違いを知って人を育てる ……… 154
- 25. 共通言語を使ったコミュニケーション ……… 158

- ✿ 26.「ほめ達」の魔法が消える瞬間 …………………… 160
- ✿ 27.「ほめっ放しの罪」が相手の成長を止める ……… 164
- ✿ 28.「ほめる」メッセージをメモで伝える …………… 168
- ✿ 29.「ほめる」のは誰のため？ ………………………… 170

巻末　さらに「ほめ達」になるために

- ●モチベーション理論 …………………………………………… 176
- ●ほめ達！用語解説 ……………………………………………… 178
- ●「ほめ達！検定」３級試験問題 ……………………………… 182
- ●「ほめ達！検定」３級試験問題参考解答例 ………………… 187

第1部

「ほめる」とは何か

1 人の価値を発見して伝える

「ほめる」ことは、価値を発見して伝えること

3つの「ほめる」

「ほめ達」の考える「ほめる」は、おだてたり、耳あたりの良いことを言ったりすることではありません。
① 「人」の価値を発見して伝える
② 「モノ」の価値を発見して伝える
③ 「出来事」の価値を発見して伝える

この3つこそ「ほめる」ことなのです。

まず「人」ですが、これは世間一般の「ほめる」という概念に近いものがあります。つまり、「人のいいところを見つけて伝える」ということです。

ただ、「ほめ達」の違いは、「ほめ達」ではない人が、世間一般が「良い」とか「優れている」と感じるところをほめるのに対し、「ほめ達」はその人の**欠点やマイナスに見えるところも、プラスの価値に転じて伝えてあげる**ことができることです。

プラスの価値に転じるトレーニング

プラスの価値に転じて伝えるほめ方をするためには、ちょっとした訓練が必要になります。

たとえば、人の価値を発見するためには、1枚の紙を用意して、

次のように素晴らしい点を探して書き出してみるといいでしょう。

①普段目立たない人を選ぶ

普段から目立つ人、ほめられている人ではなく、普段は目立たない人、あまりほめていない人を選ぶといいでしょう。あるいは、がんばっているけれども、なかなか光が当たらない、感謝される機会の少ない人、縁の下の力持ちのような人がいいでしょう。

選んだ人の名前を書いて、自分との関係を記入してください。「部下」「上司」「親」「子ども」「妻」「夫」などです。

②いいところを書き出す

選んだ人の素晴らしい点を具体的に書きます。実際に起きた出来事で、その人の素晴らしさを象徴するような事例を入れます。これは、結構頭を使うはずです。

能力のある人、活躍している人、尊敬している人をほめることは容易ですが、それとは逆の出来の良いといえない部下や地味な人、軽視している人を具体的な事例を用いてほめるのは、決して簡単ではありません。

①②の作業を実際にやってみると、普段から人を多面的に見ることが大切だと気づかされます。

普段、「こいつはダメだなあ」と思っていると、なかなか相手の価値に気づくことはできません。だからこそ、目立たない人やあまりほめていない人を思い浮かべて、その人の良さにスポットを当ててみるのです。

相手をしっかりと見て、出来事をしっかりと思い出しましょう。すると、これまではあまり気にもかけなかった見えない価値、目立たなかった価値に目が行くようになります。そして、「あいつはダメ

だと思っていたけれど、なかなかいいところがあるなあ」「あいつは出来が悪いとばかり思っていたけれど、こんなところでがんばっていたんだ」と気づくことができたなら、書いたことをはっきりと口にしてみてください。それが、**価値に気づき、その価値を伝える**ことなのです。

「ほめる」と最高の表情になる

　普通なら見過ごしてしまいそうな価値に光を当て、その価値を伝えることを習慣にしていると、人間力がどんどん上がります。
　私はプロの写真家に、次のようなことを教わりました。
　「最高の1枚を撮りたいと思って、モデルの仕事をしているわけでもない一般の人に『最高の笑顔をしてください』と言っても、相手の顔はどうしても引きつるものです。そういう場合は、『頭の中で誰かのことをほめてください』と言えばいいのです。人ではなくとも、最愛のペットでも、趣味のものでもかまいませんから、『こういうところが最高だよなあ』などとほめてみてください。何かをほめているとき、人は最高の表情になるのです」
　誰かをほめている人は、最高の表情になります。
　つまり、誰かの価値を発見して誰かを「ほめる」ということは、相手を輝かせるばかりか、ほめている自分自身も輝かせるのです。

皆が持つ価値に気づく

　大切なのは目立つところや目が行くところだけでなく、あまり目立たないところや誰も気にしないところ、当たり前と思われているところ、そしてときには皆が欠点と感じているところにさえ目を向けて、そこに価値を見いだすことです。

たとえば、いつも否定的なことや刺々しいこと、嫌みなことばかりを言って周りの人から煙たがられている人がいます。しかし、そういう人のなかには、本当は心が優しく、感受性が豊かで、相手の気持ちをよくわかる人がたくさんいます。なかには、感受性の豊かさ繊細さのために大変傷つきやすく、傷つくのが嫌でわざと相手に嫌われるようなものの言い方をしたり、皮肉な言い方をする人も少なくないのです。

　「ほめ達」は、周りの人から煙たがられている人が持っている本来の優しさや繊細さに気づくことができる人です。人間に限ったことではありません。物事には表もあれば裏もあります。見方を変えれば、丸い物でも四角に見えたり、楕円形に見えたりするのです。

　人の価値を発見して伝えるというと、簡単なことのように感じ、「そんなことなら、いつもやっているよ」と思う人もいるかもしれません。しかし大切なのは、わかりやすい目の前にある価値、目立つ人の価値をほめるだけでなく、**見えにくい価値、皆があまり気にも留めない価値にまで目を向け、ときにはマイナスにさえプラスの価値を見いだして伝える**のです。

　すべての人には素晴らしい価値が存在します。皆が持つ価値に気づき、ときには本人さえ気づいていない価値に気づいて伝えることが、「ほめ達」の考える「ほめる」なのです。

2 モノの価値を発見して伝える

「この車で楽しい思い出をいっぱいつくってください」

❖ 価値を最大限に高める

　✤1で述べたとおり、「人」の価値を発見して伝えるに関しては、マイナスもプラスとするなど高度なテクニックもあります。しかしそれでも、人を「ほめる」ということは誰しも経験のあることであり、素直に「なるほど」と納得できることと思います。

　一方、「モノ」の価値を発見して伝えるとなると、一体どういうことなのか戸惑う人も少なくないと思います。しかし、モノの価値を発見して伝える力こそ、ビジネスで実践的に使えるほめ方なのです。

　モノとは、自分自身が仕事で取り扱っている商品やサービスのことだと考えてください。それらを一般的に考えられているものに加え、「ほめ達」ならではの新しい切り口で、価値を最大限に高めてお客さまに説明するのです。

　「この商品をこう活用していただいたら、これだけの時間と費用が節約できます。新しい価値が生まれます」というように伝えて、お客さまに「本当だ。今までこの商品の説明を、いろいろな人から受けてきたけれど、あなたのような説明をしてくれた人はいなかった」と気づかせ、お客さまを感動させるのが、モノの価値を発見して伝えるということです。

　あるいは、「節約できたこの時間や費用を積み重ねると、これだけのまとまりになります。それをこのように使えば、お客さまの会社、

組織、家庭、あるいはお客さまご自身の人生に、5年後、10年後に、こんな変化が起きます。この商品にはそんな力があるのです」と伝えて、お客さまに「確かに、この商品はまるで私のためだけにオーダーメイドしてもらったように思えてきた。値打ちがあるね。教えてくれてありがとう」と言ってもらえるのも、モノの価値を発見して伝えた効果です。

新たな価値を加える

　ある大手自動車販売会社で、営業研修をしたときのことです。
　日本の自動車産業は、経済の重要基盤として、世界を相手に堂々とビジネスを展開しています。私はこの自動車販売会社も、さぞ誇り高く仕事をしているのだろうと思っていました
　しかし、実情は違いました。自動車販売会社は価格競争で疲弊していたのです。
　日本の車の品質には定評があります。どの販売会社の、どの営業担当者から買っても、品質に大きな違いはありません。すると、あとは、いくら値引きしてくれるのか、いくらで下取りしてくれるのか、どこまでオプションをサービスしてくれるのかという価格の勝負になります。
　営業担当者は誇りを持つどころか、価格競争に追われ、疲弊した現状を変える糸口がつかめずにいたのです。
　そこで私は研修で、「感動と信頼と絆で車を販売するというテーマで、自分たちに何ができるのかを考えてみてください」と提案しました。自分たちがやっている仕事や、自分たちが売っている製品について新たな「価値」を見いだすことができれば、仕事に今よりも誇りを持て、もっと自信を持って車を売ることができると考えたのです。

そんな視点で研修を進めるうちに、かつては車は家族の思い出を紡ぐ大切なものだということが思い出されてきました。車が来るということは家族にとって一大イベントでした。家族4人がやっと乗れるくらいの大きさでも、車を買うということは大変なことであり、父親が運転する車に乗って皆で買い物やレジャーに出かけるというのはとても幸せなことでした。

私もそうでしたが、研修参加者の皆にとっても、家族でドライブに出かけて遊園地などで記念写真を撮るというのはまさに「思い出の1ページ」作りでした。

こうしたやり取りを通して、私は次のような提案をしました。

「車は大切な思い出の1ページを共につくる素晴らしい存在だということを、お客さまにも伝えたらどうでしょう」

車にはいろいろな価値がありますが、かつて車が持っていた「思い出を紡ぐ大切な道具」という価値を伝えることを提案したのです。

新たな価値を提案する

この研修に参加していた一人が、研修後、次のような試みを始めました。

契約や納車の際に車とお客さまとのツーショット写真を撮り、それをアルバムに貼り、1か月点検の際にお客さまに渡すようにしたのです。アルバムには1枚の写真が貼られているだけで、白紙のページがたくさん残されています。そこには次のような思いが込められていました。

「この車で楽しい思い出をいっぱいつくってください」

アルバムには車を買ったときの実に楽しそうな写真が貼ってあります。そしてその先には白紙のページが用意されています。このようなアルバムを渡されたら、誰だって車で出かけて写真を撮り、ア

ルバムに貼りたくなるはずです。

　アルバムを渡されたお客さまにとって、車は単なる製品から、思い出を紡ぐ素敵な「モノ」へと変わりました。それは、**単なる価格競争を抜け出して、車が持つ新しい価値を提案する**ことであり、営業担当者にとっても、車と仕事を「楽しいモノ」に変えていきました。

　車の新しい価値を提案することを覚えたこの営業担当者は、やがてその会社の最優秀営業担当者となりました。以来、その会社では皆が車の新しい価値、車を売るという仕事の新しい価値を見つけようと考え、工夫しています。

気づかれていない価値を伝える

　モノにも人と同様に、たくさんの価値があります。しかし、「この製品の価値は○○だ」と思い込んでしまうと、製品にあるもっと素敵な価値が見えなくなるのです。

　どれほど価値のある製品やサービスも、**その価値が相手に伝わらないのであれば、存在しないのと同じこと**です。

　お客さまに「ずっと目の前にあったのに、気づかなかった。こんな使い方があるんだ」と気づいてもらうのが、「ほめ達」なのです。

　組織の全員が「ほめ達」になって、自分達が取り扱う製品やサービスの新しい価値を見つけ、たくさんの価値をお客さまに伝えられるようになったら、その組織はどれほど発展することでしょう。私はいくつもの組織で、実際にその成果を目にしてきました。

　普段は何気なく売っている製品や勧めているサービスのなかに、どのような素敵な価値があるのかを考えてみましょう。そして、**その価値はどうすればお客さまに伝わるのか**を考えてみましょう。「ほめ達」とは、そのような価値を見つけ、伝えることができる人なのです。

3 出来事の価値を発見して伝える

訓練をしていけば、脳は「ほめ脳」へと変化する

ピンチをチャンスととらえる

✤1で述べたように、「ほめ達」とは、目の前の人、モノ、出来事の価値を発見して伝える人のことです。「出来事」に関しても、良い出来事はもちろんですが、それとは反対の、普通なら「どうしよう」「困った」「ピンチだ」といった状況のなかにも価値を発見できるようになります。

「待てよ。最悪のタイミングで大問題が起きたけれど、まだこのタイミング、この大きさの問題で良かったのかもしれない。自分たちの組織がもっと大きくなって、違うタイミングだったら、もっと致命的な問題になっていたかもしれない」

「そうだとすれば、今ここでこの問題をきっちり解決して、二度と起きないような仕組みをつくることで大きなプラスにできる。危機感のなかで、皆で知恵を集めるのもいい経験になる。この大問題はピンチの顔をしてやって来たけれど、長い目で見たらチャンスかもしれない。まずアイデアを出してみよう」

こういう考え方ができる人が、「ほめ達」です。

ところが、実際に大問題が起きると、なかばパニックに陥って、「どうしよう」「もうダメだ」とうろたえてしまう人がほとんどです。

それは、出来事は、出来事単体ではなく、必ず感情を伴ってやって来るからです。感情が邪魔をして、**「出来事に対する正しい答え」**

を出しにくくするのです。

　感情を抑えるのは難しいのですが、出来事と感情をなるべく切り離して、「出来事単体の意味や価値」を考えてみることです。

　そうすると、ピンチやトラブルにもあわてて冷静さを失うことなく、それ自体の「価値」を見いだすことができるようになってきます。こうしたことを繰り返していると、脳が「ほめ脳」に変わり、ピンチに見舞われても、ピンチをチャンスととらえる力がわいてきます。

∴ プラスの価値を見いだすヒント

　たとえば、次のような通常なら「明らかにマイナスの出来事」が起きた場合、そこにどんなプラスの価値を見いだせばいいのでしょうか。

①上司やお客さまが理不尽なことを言う。
②5万円の入った財布を落とした。
③家族とけんかをした。

　いずれも普通なら、嫌な気分になり気持ちが落ち込む出来事です。しかし、次のように考えることもできるはずです。

①要求が厳しい分、自分が成長するチャンスだ。
　ここで頑張れば、上司やお客さまも認めてくれる。
②まだ5万円で良かった。
　お金のない経験をしてみるチャンスかもしれない。
③最近、本音で話すことが少なかったな。
　これを機会にお互い本音で話し合ってみるか。
　これは家族の絆を深めるチャンスかもしれない。

　最初は簡単にマイナスをプラスに切り替えることはできないかもしれません。**人間は感情の動物**ですから、嫌なことがあれば落ち込むものです。その原因を作った相手を恨みたくなるかもしれません。

クレームは最高の教師

脳は怠け者ですから、放っておくと「嫌なこと」が起きた＝「マイナス思考」となります。そこを何とか**嫌なことのなかにプラスの価値を見いだす**ように心がけ、訓練をしていけば、脳は「ほめ脳」へと変化します。

仕事のなかで起きるトラブルや問題、お客さまからのクレームなどを「厄介」と考えていると、どうしても避けたいものになります。トラブル処理を指示されると「面倒なことを押し付けられた」と感じてしまいます。

しかし現実には、トラブルや問題、クレームに真摯に取り組み解決すると、トラブルや問題が改善のヒントになったり、クレームを言ってきたお客さまがファンになってくれたりすることも少なくありません。

「嫌なこと」「厄介なこと」は、視点を変えれば、「もっとこうしたらいいよ」というたくさんのヒントを与えてくれる最高の教師ともなります。嫌なことも厄介なこともマイナスではなく、プラスにとらえるのです。そうした「ほめ脳」になれば、日々の生活や仕事はもっと楽しくなるはずです。

つらい出来事にも価値がある

出来事の価値ということでは、忘れたくなる「つらい出来事」のなかにも価値を見いだすことができます。

私の場合は、小学校四年生のときに生徒会の副会長に立候補し、自信満々で立会演説会に臨んだにもかかわらず、たった1票しか獲得できなかったという大変つらい体験をしました。

もちろん、原因は私にありました。勝手に皆が自分に投票してく

れると思い込み、準備もなしに立会演説会に臨んだため、満足な演説さえできませんでした。

　それでも皆の「入れたよ」という言葉を信じていましたが、結果はわずか1票でした。つまり、私に投票したのは私一人だったのです。通常なら、これは絶対に忘れたい過去なのですが、私自身はこの出来事を機にいくつかのことを心がけるようになりました。

　1つ目は、万全の準備をしなければ、あのときと同じつらさを味わうことになると考え、何に対しても準備を怠ることなく、しっかりと結果を出そうとするようになったことです。

　2つ目は、「たった1票」という孤独を味わったことで、「もう孤独になりたくない。周りの人に応援されるためにも相手のいいところをたくさん見つけよう」と意識するようになったことです。

　いずれも、過去のつらい出来事があったからこその変化です。以来、私は次のように考えるようになりました。

　「過去に起きた事実は変えられないけれど、出来事の意味は変えられる」

　人間は過去から現在に至るまでいろいろな出来事を経験し、ときに幸せを感じ、ときにつらい思いをしているはずです。しかし、つらい出来事や嫌な出来事も、見方を変えれば今の自分にとって「価値ある出来事」に変えることができるのです。

　自分の出来事はもちろん、**周りの人たちの出来事のなかに価値を見つけ、その価値を相手に伝えられ**、その人にとってトラウマのような体験でさえ、価値を見つけることができるのが「ほめ達」です。そのためにも日々経験するたくさんの出来事のなかにマイナスではなくプラスを見いだす努力を続け、脳を「ほめ脳」へと変えていきましょう。

今、求められているのは「ほめる」こと

自分の1秒先の行動を、マイナスではなくプラスに変える

「ほめる」は「正しく叱る」ことでもある

　私たちは「ほめる」ことについて、一体どれくらい正しく理解しているのでしょうか。

　「ほめる」と聞いて、プラスよりもマイナスのイメージを持つ人は決して少なくありません。「ほめる」ことは相手を甘やかすことであり、下手に「ほめる」などしたら、相手はいい気になり、成長が止まってしまうのではないかと誤解している人もいます。

　それでは、ほめることをマイナスと考える人が、「叱る」ことができるのかというと、そうではありません。たとえ「ここは叱るべきだ」と思っても、叱ることで相手に会社を辞められたら困るとか、相手の親に怒鳴り込まれたら困るといった余計な心配が先に立つのです。そのため、「叱る」こともできずにいらいらをつのらせている人も多いのではないでしょうか。

　「ほめる」ことも「叱る」こともできず、言いたいことも言わないで適当なところで済ませていくのは、とても怖いことなのです。

　私は、「ほめる」ことを学ぶことは、「正しく叱る」ことを学ぶことでもあると考えています。

「心の内戦状態」を終わらせる

なぜ「ほめる」ことが必要かというと、私は**今の日本は「心の内戦状態」にある**と考えているからです。

もちろん今の日本で本物の銃弾が飛び交う内戦や戦争が起きているわけではありませんが、目に見えない銃弾は飛び交っています。大人のいじめ、パワーハラスメント、ネグレクト（虐待）といった暗いニュースに見られる銃弾です。

これは大人の世界だけでなく、子どもの世界でも同様で、いじめや学校カースト（※）といった嫌な現実があります。本物の銃弾は人の命を奪います。同様にこうした目に見えない銃弾も、心の優しい人の気持ちを痛めつけ、心の病へと追い込みます。その結果、職場を去ったり転校したりするという人が多いばかりか、自殺という形で人生が終わってしまう人も少なくありません。

（※）学校カースト（スクールカースト）とは、生徒の間で自然に発生する序列をたとえた表現です。

かつて、交通戦争といわれたほど交通事故による死亡が多い時代がありました。ピークは1970（昭和45）年で、16,765人が交通事故で亡くなりました。以来、交通事故による死者を減らすためにさまざまな努力が重ねられ、2012（平成24）年には4,411人と、大幅に減少しています。ところが、2012年に自ら命を絶った人は27,858人、2011（平成23）年では30,513人でした。

2012年の自殺による死者は、交通戦争のピーク時の1.7倍に近い数字です。これを戦争と呼ばずして、何を戦争と呼ぶのでしょうか。こうした内戦状態を生き抜くためには心を守るフィルターが必要なのです。**「ほめ達」は、「心のフィルター」**（※）**になる人です。**

（※）心のフィルターは、「心のシートベルト」「心のエアバック」とも表現できます。

組織の経営者やリーダーは、普通の人が１つのマイナス情報に気づくときに、その何倍もマイナス情報に気づきやすいものです。経営者やリーダーにはアンテナを通してたくさんのマイナス情報が入ってくるのです。このアンテナは、「恐怖のパラボラアンテナ」と表現できます。

　しかし、こうしたマイナス情報をそのまま受け入れていたら、怒りや不安で身体がもたなくなってしまいます。それを防ぐために、マイナス情報をプラスに転換する「心のフィルター」が必要なのです。たとえ悪い出来事が起きても、「心のフィルター」があれば、そこに価値を見いだしてプラスに転換することができます。プラスに転換するフィルターを持つことが、経営者やリーダーとして必要な、体力、免疫力、そして折れない心につながっていくのです。

　今の日本では、すべての人に「心のフィルター」が必要なのです。日々入ってくるマイナス情報をそのまま受け入れていたら、気持ちは沈み、前を向く力が失われてしまいます。そうならないためには、マイナスをプラスに転換する「ほめる力」を身につけ、「心のフィルター」を持つことが非常に大切なのです。

自分の精一杯がマイナスをプラスに変える

　なかには「ほめる」ことで「心のフィルター」を持ったとしても、厳しい現実は変わらないのだから、実際には何も変わらないのではという疑問を持つ人もいるかもしれません。

　しかし、「ほめ達」は次のように考えています。
「考え方を変えると、環境が変わる」
「環境が変わると、結果が変わる」
　こういうと、「『環境が変わると、結果が変わる』はそのとおりだが、たとえ考え方を変えたとしても、『環境は変わらない』」という

反論がありそうです。しかし、結果を出している人、業績を上げている組織は、「考え方を変えると、環境が変わる」と考えています。

確かに、環境を自分たちの力で変えることはできません。いくら念じたところで、自分の力で景気を良くするとか、為替を変動させるとか、あるいは相手の性格や考え方を変えるといったことはできません。

大切なのは変えられないものを変えようとするのではなく、**自分自身にできることを精一杯行い、自分のものの見方や考え方、行動の仕方をマイナスではなくプラスへと変えていくこと**なのです。相手を変えることはできませんが、自分の1秒先の行動をマイナスではなくプラスに変えることはできます。また、人やモノ、出来事のマイナスに見えるものをプラスに転換して、「価値」を見つけることはできるのです。

こうしたことを習慣化していけば、マイナスばかりに見える世の中でも自分は変わることができ、自分への周囲の見方も変わってくるのです。環境を力づくで変えることはできませんが、「ほめる」ことを徹底すれば環境は変わり、環境が変わると結果も必ずついてくるのです。厳しい環境だからこそ、今、必要なのは**「ほめる」ことへの覚悟と実践**なのです。

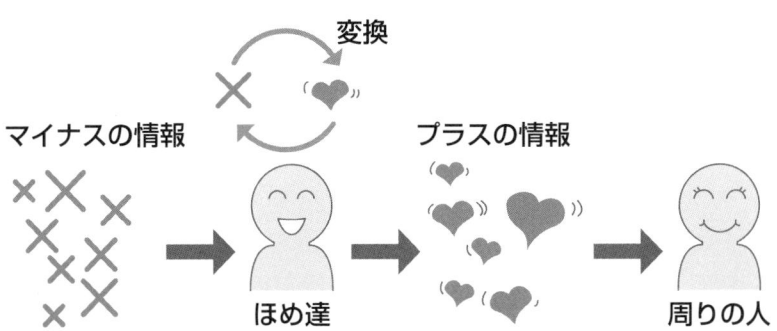

「ほめる」には人や組織を変えていく力がある

ほめられると、「もっと良くしよう」という気持ちが働く

❖「ダメ出し」では成果につながらない

　4で述べたように、今の時代に求められているのは、「叱る」ことよりも「ほめる」ことだと考えるのは、私の失敗の経験からです。私の会社は、覆面調査(※)を行っていましたが、調査方針を「ダメ出し」から「ほめる」ことに180°変えたことで、売上を伸ばす組織が続出したのです。

（※）覆面調査とは、会社からの依頼を受け、調査員がお客さまとなって接客・サービスを受け、店舗の営業実態を調査することです。

　「ほめる達人」になる前の私は、「ダメ出しの達人」でした。覆面調査の会社を立ち上げた最初の頃は、相手のダメなところを徹底的に突き付けました。悪意ではなく、そのほうが相手のためになると、心の底から信じていました。

　ダメ出しをすることは相手のためであり、ダメ出しをすればするほど相手が伸びると考え、すべて「何時何分、何番テーブルでこんな対応をした」という証拠付きのダメを山のように挙げ、相手に突き付けていました。

　しかし、その結果は無残なものでした。改善は進まず、せっかくのダメ出しが「結果」につながることはほとんどありませんでした。なぜだったのでしょうか。

❖「本当のこと」ではモチベーションが下がる

　確かに、私のダメ出しは正しいものでした。しかし、どんなに正しい指摘でも、ダメ出しをされた**相手のモチベーションが下がっては、「変えていく」「改善する」という行動には結びつかない**のです。

　覆面調査での経験を通じて、私は「ほめる」ことの大切さを知るようになりました。もちろん今でも、覆面調査を行えば、調査員から上がってくる報告書には改善点が山のように挙げられています。「ほめるところを探してください」という調査項目もあるのですが、改善点が100個挙げられているとすれば、「ほめるところ」への答えは20個くらいです。

　以前は、その調査結果から、100個のダメ出しのほうを時間や場所を示して報告していました。しかし今は、「ほめる覆面調査」として、まず「ほめる」に値する素晴らしい20個のほうを名前や時間、具体的な行動などを添えて報告しています。ダメ出しについては、「あと惜しいのが…」として、すぐに直せて、お客さまにとって印象が大きく変わる1つか2つを伝えています。

　このように「ほめる」ところにスポットを当てると意外なことが起き出します。3か月後、2度目の調査に行くと、「ダメ出し」として次に指摘しようと考えて伝えていなかった点の多くが見事に改善されているのです。

　私の会社のほめる覆面調査を受けたことのある人が、次のような感想を口にしていました。

　「叱られると、叱られたところだけ直す。ほめられると、ほめられていないところまで自分達で考えて、もっと良くしようとする」

　人は叱られると、次に叱られないように叱られたところは気をつけますが、ほかの点には目をつむります。一方、ほめられると、「もっと良くしよう」という気持ちが働くことで、自主的に問題に気

づき、改善をしていくのです。ほめることには、こうした**人のやる気や考える力を引き出す力がある**のです。

ほめられることが行動を起こす力になる

　私は大学時代、アメリカンフットボール部に所属していました。私のチームは成績低迷チームで、ある日、ミーティングで、「これからチームを強化するにはどうしたらいいか」がテーマになりました。

　当時、私は三年生でしたが、高校時代からアメリカンフットボールをやっていたこともあり、監督から「西村、どうやって強くしたらいいと思う」と質問され、次のように答えました。

　「これとこのプレーが弱点で、身体的にもこの部分が弱いから、そこを強くしないといけない。具体的には、練習開始時間を1時間繰り上げて、このパートの練習をするといい」

　すると、普段は厳しくて怖い監督が「そうか」と言って納得してくれただけでなく、四年生たちも「西村、すごいな。具体的な練習方法に落とし込んでいるのがすごい」とほめてくれました。これは私にとって非常に大きな自信になりました。

　私が大学の体育会でがんばれたのは、実はそれ以前に、高校時代のほめられた経験があったからです。

　私は元来不器用で、新しいことに対してはのみこみが悪い方です。高校一年生のとき、アメリカンフットボールの基本となるぶつかり合いの練習では、いつも出足が遅れてひっくり返されていました。それが悔しくて、出足の1歩目を出す練習を、自分の順番が回って来るまで脇で一人、黙々と続けていました。すると、その様子を見ていた社会人コーチが次のように言ってくれました。

　「新入生でも、これだけやってるじゃないか。先輩選手も見習え」

　ほかにも忘れられないほめられた経験があります。

小学生のとき、先生に作文をほめられたことで、文字を書くことや文章を書くことが好きになりました。また、大学生のとき、履歴書の宛名を書いていると、「上手・下手は別として、すごくわかりやすい字を書くな。これはビジネスパーソン向きの字だ」とほめられたこともあります。
　何か行動を起こすときには、こうした「ほめられた」ことがきっかけになることもあるのです。ほめた人にとっては、それほど印象に残ることではないのでしょうが、小さな「ほめられた」という事実が、その人の人生を変えていくことだってあるのです。

ほめられることで新たな人生が始まる

　私が長年、お付き合いをいただいている美容室チェーンのオーナーのことです。このオーナーが美容師になったきっかけは、中学生の頃、友だちと理容室に行ったとき、あまりに混んでいて、お互いの頭を散髪したことだそうです。
　友人が散髪したオーナーの頭は虎刈りになりましたが、オーナーが散髪した友人の頭は、理容室の主人が「うまいね」と感心するほどの出来栄えでした。この主人の「うまいね」というひと言が、その後のオーナーの運命を変えたのです。オーナーは「オレがこの世界に入ったのは、あの理容室のおじさんのひと言なんだよね」と言います。
　もちろん叱られることで奮起して人生を切り開く人もいるでしょう。しかし、たいていの人にとって叱られる以上にほめられることは嬉しいことであり、「ほめられた」ひと言がきっかけとなってその後の生き方が大きく変わっていくこともあるのです。「ほめる」ことには、人や組織を変えていく素晴らしい力があります。「ほめ達」は、**人と組織の明るい未来をつくり出していくことができる人**です。

6 「ほめる」ことで生まれる奇跡

「ほめ達」には、たくさんの奇跡が待っている

❖ 「ほめる」ことで相手に深く関わる

　「ほめる」ためには「価値を発見する」ことが不可欠です。一方、上手に「価値を発見して伝える」ことができれば、経営者・上司・リーダー・教師・コーチ・親というそれぞれの立場で、深く相手に関わっていくことができるようになります。

　さらに、「価値を発見する」ことを続けていると、脳がやがて「ほめ脳」に変わります。とにかく怠け癖のある脳が「ほめ脳」となることで、脳の力が上がり、自分自身にとっても良いことが起きるようになります。

　「ほめ達」になると、**人との関わりのうえで、また自分の能力開発のうえで、いろいろな良いことが起きる**ようになってきます。

　以下、「ほめる」ことで起きる良いことを「8つの奇跡」として紹介します。

❖ 「ほめ達」の8つの奇跡

　奇跡1　ほめると、相手が成長する

　スポーツの世界などで、次のような言い方をする人がたくさんいます。

　「オレは見込みのある奴しか叱らない」

ほめるのではなく、あえて叱る。あえて厳しい言葉をかけることで、相手のやる気を促すというのです。また、「ほめる」ことは甘やかすことであり、「ほめる」ことで相手が慢心して努力を怠ったら困ると考えるのです。

　確かに、なかには厳しく指導されることで、「何をっ」とがんばる人もいるかもしれません。相手を思うがために「叱る」「厳しさ」なのでしょうが、私は、覆面調査などの経験を通して、最も大切なのは、**相手の「心のコップ」が上を向くこと**だと考えています。

　なぜなら、「心のコップ」が下を向くと、相手のためを思って言っているつもりでも、相手は「聞く耳を持たぬ」「心を閉ざす」状態になり、どのようなアドバイスも、愛情や気配りも、届かなくなってしまうからです。これを「知覚的防衛」(※)といいます。

　(※) 知覚的防衛とは、自分に不利益な事柄から目をそらしてしまう習性のことです。

　反対に、「心のコップ」が上を向くと、何でも受け入れ、プラスに生かせるようになります。こうなると、通常では信じられないような成長をします。

　大切なのは、正論で人を追い込み相手の心を閉ざすのではなく、ほめて伝えることで、相手の「心のコップ」を上に向かせることです。そうすれば、伝えたことに対して「行動」という返事がくるようになります。

奇跡2　ほめると、相手と良好な関係を築くことができる

　相手をほめたにもかかわらず、何だか白けた感じや取って付けた感じになってしまい、かえって関係がおかしくなるというケースがあります。

　なぜ、そのようなことになるのでしょうか。次の理由が挙げられます。

・本心からほめていない。
・相手をコントロールしようという下心からほめている。
・ほめること自体が目的になっている。

　こうした人に対するアドバイスは、次の3つです。
①**できるだけ小さな事実をほめよう。**
②**真剣にほめよう。**
③**ほめ倒そう。**

　同じようにほめたとしても、相手によって受け止め方は千差万別です。完璧主義で自信家の人にとって、中途半端なほめ言葉では「バカにしているのか」と受け取られることもあります。また、自分に自信のない人は、ほめられることで疑いの気持ちを抱くこともあります。

　しかし、相手がどんな人でも通用するほめ方があります。それが「事実」をほめるということです。たとえば、接客中にお茶を出してくれたスタッフに対して、次のように言うのです。

　「あのタイミングでお茶を出してくれて助かったよ。おかげで商談がスムーズに進んだよ」

　これは、「お茶を出した」という**小さな事実**を踏まえているだけに、どのようなタイプの人の心にも響くほめ言葉となります。

　また、ほめたことに対して「私なんて」と否定されたときは、相手が「もう許してください」と感じるまで**真剣にほめ倒す**ことが大切です。

　相手の価値を見つけ、相手に価値を伝えることは、良好な人間関係づくりに大いに役立ちます。

|奇跡3| ほめると、子どもの力が伸びる

　子どもを持つ人には、次のような悩みが大変多いようです。

　「なかなか子どもをほめることができません。どうやってほめたら

いいのですか」

　なぜ、自分の子どもをほめることはそれほど難しいのでしょうか。
　理由は自分の子どもは、見た目は親（つまり自分）の縮小コピーですが、**内面は自分の拡大コピー**だからです。しかも、いいところはあまり見当たらず、自分の嫌なところが子どもに投影され、より大きくはっきりと映し出されてしまい、それがたまらないのです。
　そして、つい感情が先走って子どもに怒ってしまうのです。
　私は、「叱る」ことを否定はしていません。叱ることも大事です。「これをしたらダメだよ」ときちんと伝えることも大事です。ポイントは、「あれもダメ、これもダメ」と次々に叱るのではなく、偶然にでも上手にやれたときには、しっかりと「ほめる」ことです。**一度でもほめられたら、子どもはその行動を繰り返す**ようになります。
　もう1つ大切なのは、子どもの能力や才能よりも、**努力をほめる**ことです。たとえば、テストでいい点数を取ってきたときは、「あなたは、頭がいいわね」と才能をほめるのではなく、「良かったね。頑張っていたものね」と努力の様子をほめることです。そうすることで、子どもはたとえ解けない問題にぶつかっても、努力を止めずに進むことができるようになります。
　子どもの悪いところに目を向けるのではなく、今、がんばっているところや、偶然にでも、できたことを見つけてほめるのです。そうすることで、子どもは大きく成長します。

奇跡4　ほめると、成長が加速する

　運動選手が成長していくためには、失敗したときの反省だけでなく、**成功したときの振り返り**が欠かせないといいます。
　成功したときに「良かった」と喜ぶだけでなく、「なぜ、こういう結果を出せたのか」をしっかり分析しておかないと、スランプに陥ったときに打つべき手が見えてこないのだそうです。

「ほめる」ときは、成功した相手に「良かったね」「がんばったね」と伝えるだけでなく、「なぜ、成功したか」という理由を見つけさせます。成功の理由や原因を分析して、しっかりとした理由を見つけることができれば、相手は今後も成功でき、さらなる飛躍が可能になります。

　成功したときの「ほめっ放し」は慢心を生み、成長を止めます。一方、成功を喜ぶなかに振り返りを組み込めば、壁を超える力になります。「ほめる」とは、「ほめっ放し」のことではなく、成功をさらに加速させるためのものでもあるのです。

奇跡5　ほめると、尊敬される

　「ほめ達」の考え方は、「尊敬されたいなら、尊敬してしまえ」です。自分より年下、あるいは経験が少ない相手に対しても、「君はこういうところがすごいよね」と価値を見つけて、伝えるのです。そうすると、相手は「この人はすごいな」と感じます。

　尊敬を受ける人というのは、実に**謙虚で、素直で、どのような相手からも学ぶ気持ちを持っている人**です。「ほめ達」も、どんな相手であっても価値を見つけ、伝えることを大切にしています。相手の価値を見つけることができる人は、皆から尊敬され、憧れられる存在でもあるのです。

奇跡6　ほめると、人間力が上がる

　よく、次のように質問されます。
「いつ、ほめたらいいですか」
　その答えは、まさに「今でしょ?!」です。

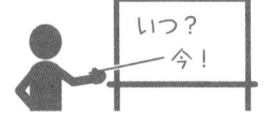

　人は相手の本質を見抜こうとするとき、**アクションではなく、リアクションを見る**ものです。意識した行動よりも、ふと何げなくする行動や表情にこそ、その人の本音が現れます。ですから、自分の

リアクションで、「すぐ」に相手をほめることが非常に大切なのです。

たとえば私は、石につまずいたときに罵（ののし）ったりせず、「この石、ナイス！」と叫ぶことを目標にしています。日頃から、瞬間的に出る言葉を徹底的にコントロールして、リアクションを整えていきましょう。その結果、人間力が自然と上がっていき、「あの人、人間ができているよね」と見られるようになるのです。

奇跡7 ほめると、感動に会える

「ほめる」ことを実践してみたものの、相手があまり変わらなかったり、組織に何の変化も起きなかったりすると、「ほめる」ことの効果に疑問を持つ人もいるでしょう。

たとえば、飲食店で「ほめる」を実践したからといって、すぐに売上が伸びるとか、客足が増えるわけではありません。しかし、ほめた結果は、すぐに効果が現れるものではなく、結果を信じてずっと実践していると、漢方薬のように徐々に効果を発揮するものなのです。

同様に、人に対しても相手の価値を見つけ、その価値を信じて、ずっと伝え続けることです。そうすれば、ある日突然、「私が今日までがんばってくることができたのは、あのときの言葉があったからです」といった嬉しい言葉に出会うことができます。

組織の結果が出るには時間がかかります。人の成長にも時間がかかります。それは、飛行機の滑走と同じで、**時間をかけることで組織も人も大きく飛躍する時期が来る**のです。「ほめる」には、信じてずっと実践することで、効果を発揮させる力があるのです。

奇跡8 ほめると、引き立てられ力が強まる

「ほめる」ことを続けていると、「こんな人に会いたいな」「こんなところでプレゼンテーションをしたいな」といった願望が、不思議

なほどかなうようになります。そして、自分がいないところで自分がほめられていることが多くなってきます。これが**引き立てられ力**です。

　小さな価値に気づき、伝えていると、人間力が自然と上がっていき、周りにいい人がたくさん集まってきます。当然、「会いたいな」と思う人との出会いのチャンスも生まれ、人から引き立てられるようになっていくのです。

🍃すべての人にこの世に生まれてきた意味がある

　警察庁によると、2011年度は就職活動中に自ら命を絶つ大学生は150人に上り、過去4年間で2.5倍に増えたそうです。

　❀4で述べたとおり、2011年は年間30,513人もの自殺者が出ていたことを考えると、150名という数字は目立たない数字かもしれません。しかし、もし自分の子どもや、親戚・友人の子どもがそのなかの一人だったらどうでしょうか。授かったことに喜び、懸命に育ててきた子どもが、いよいよ社会に出ようというとき、その入口の就職活動でつまずき、悩み、そして死を選んだとしたら、どのように感じるでしょうか。

　現在の就職活動は、かなり厳しい状態になっています。大学を卒業しても正社員として採用される比率は低く、派遣社員やアルバイトとして働く道を選ぶ人が増えています。もちろん働き方は人それぞれですから、正社員のほうが良いというつもりはありません。しかし、真面目に学生生活を送り、働く意欲がある学生たちが、働く道を閉ざされたり、将来の夢をあきらめなくてはならなかったりするのは、厳しい現実です。

　すべての人に使命があり、素晴らしい人生を生きる価値があります。挫折を感じたときには、ぜひ、そのことに気づいてほしいのです。すべての人に使命と価値に気づいてもらうことが「ほめ達！」検定と検定を主催する日本ほめる達人協会の願いです。協会は、微力であっても、そのためにできることを続けていきたいと考えています。

第2部

「ほめる」効果を知る

1 脳に貼られた ラベルをはがそう

ラベルを貼るとその先へ進めなくなる

❖ 人にはラベルを貼る癖がある

　人は他人を見たとき、ともかくネガティブな方向に目が向きやすい傾向があります。そして、相手にラベルを貼って、ラベルしか見なくなります。「この人はこういうタイプだ」というラベルを貼って識別してしまうのです。

　なぜかというと、第1部❖3で述べたように、**人間の脳は怠け者**だからです。人や物事に対してペタペタとラベルを貼ったら、もうそこで考えることをやめてしまいます。

　そこで、「考える」ためには、貼ってしまったラベルをはがすことが必要になります。ラベルをはがしてしまえば、その先には別の見方や新しいアイデアが待っています。

　たとえば、ここに1脚の椅子があります。「椅子＝座るもの」と考えているかぎり、ほかの用途は思い浮かびません。しかし、「椅子＝座るもの」というラベルにとらわれずに使い方を考えたとすると、人によって、次のようなアイデアが生まれます。

- ダイエット中の人　　　→「トレーニングマシン」
- 子育て中の人　　　　　→「子どものジャングルジム」
- ペットに猫がいる人　　→「猫の遊び場」
- 背の低い人　　　　　　→「踏み台」

「ほめ達」になるためには、安易に貼ってしまいがちなラベルをはがし、さらに、相手のプラス部分に積極的に目を向けることが大切なのです。

ラベルを貼られるほど単純ではない

人は、初めて会った人に対しても、初対面の印象だけで安易にラベルを貼る傾向があります。口数の少ない人には「この人は人見知りをする人だな」とラベルを貼り、大きな声で話す人には「この人は無神経だな」とラベルを貼ります。そして、相手の奥にある別の面や良さに目が行かなくなります。

また、着ているものや職業からの印象で「避けたほうがいい人」というラベルを貼ると、その先には決して進もうとはしません。

「ほめ達」になるためには、まず**すべての物事は多面体**だということをしっかりと確認することです。たとえば百円玉でも、見る角度を変えれば次のように丸くなったり四角になったりします。

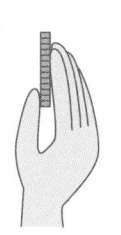

それを忘れて、「百円玉の形は〇」とラベルを貼ってしまうと、せっかくそこにあるさまざまな形が見えなくなってしまいます。

まして相手が人間となれば、「あの人は〇〇だから」とたった1枚のラベルですべてをくくってしまうのはもったいなく、そもそも人間はそれほど単純ではないのです。「ほめ達」は、貼ってあるラベルをはがして、相手のさまざまな部分を見つけます。もちろん、マイ

ナスの部分もあるでしょうが、ラベルによって見えなくなっていたプラスの部分の価値を伝えるのです。

　ラベルを貼ることでわかった気になるのではなく、**ラベルをはがすことで相手が持つたくさんの価値に目を向ける**ことです。「ほめ達」に大切なことは、ラベルを貼ることではなく、ラベルをはがすことです。

勝手な思い込みが相手を傷つける

　ラベルを貼ることは、勝手な思い込みにつながります。それは自分のものの見方を狭めるだけでなく、ときには相手を傷つけることにもつながります。それを改めて思い知らされるエピソードがあります。

　芝居が始まったのに、その少女は客席の最前列で頭を垂れ、居眠りをしている。
　「屋根の上のヴァイオリン弾き」九州公演でのことである。
　森繁久彌さんを初め、俳優たちは面白くない。起こせ、起こせ。
　そばで演技をする時、一同は床を音高く踏み鳴らしたが、ついに目を覚まさなかった。
　アンコールの幕が上がり、少女は初めて顔を上げた。両目が閉じられていた。
　居眠りと見えたのは、盲目の人が全神経を耳に集め、芝居を心眼に映そうとする姿であったと知る。
　心無い仕打ちを恥じ、森繁さんは舞台の上で泣いたという。

（出所）竹内政明著『「編集手帳」の文章術』文春新書

　この見事な文章を読んで、皆さんは何を感じますか。

森繁さんやほかの出演者に悪意があったわけではありません。しかし、「居眠りをしている」と思い込むことによって、なぜ、少女は頭を垂れているのか、なぜ、近くで床を踏み鳴らしても頭を上げないのかといったことを考える余地はなくなっていたのでしょう。
　「あの子は居眠りをしている」というラベルを貼ったこと、皆がそう思い込んだことが、思いもかけず「心ない仕打ち」へとつながっていったのです。
　この文章を読みながら、私は自らにこう問いかけました。
　「相手の実情を知らず、床を踏み鳴らす。そんな行動をとってしまっていることはないだろうか」
　物事は多面体であり、見る角度を変えれば、いつもとは違う顔を見せるのです。それにもかかわらず、「居眠りをしている」というラベルを貼ってしまうと、「もしかしたら、気分が悪いのでは」「もしかしたら、目が見えないのでは」といったことを考える余地は消え去ってしまうのです。
　感情に負けて思い込みの言動をしていることはないでしょうか。いたずらにラベルを貼ることは、せっかくの相手の価値に気づかないままに終わるだけでなく、相手を傷つけることさえあるのです。
　「ほめ達」は、物事が多面体であると知っている人で、それを前提に人やモノ、出来事の価値を見つけ、価値を伝えることを使命としています。

　「今、自分は安易にラベルを貼っていないか」
　「今、自分は思い込みに縛られていないか」
　このように自らに問いかけることが、「ほめ達」に必要なことなのです。

2 口にするのが恥ずかしいぐらいの夢を持つ

自分が本気かどうかを探るバロメーター

▶ 本人が本気で信じる

　私には1つの大きな夢があります。
　「HOMETATSU（ほめ達）」が世界の共通語になり、2025年にノーベル平和賞を受けることです。
　言うのが恥ずかしいくらいの夢ですが、でも、思い切って口にしています。
　「口にするのが恥ずかしいほどの夢を持て」
　「そしてそれを常に口にせよ」

ノーベル賞！

　「何をバカな」ということも、恥ずかしがらずに言い続けていると、だんだんとそれに近いことが起きてきます。応援してくれる人が徐々に集まってくるのです。
　本人が夢を本気で信じ、**本気で口にし、本気で行動していると、実現の可能性は限りなく高まる**のです。
　私は自分が何かをする場合、自分が本気かどうかを探るバロメーターを3つ持っています。
　①「協力者」が現れるかどうか。
　②「恥ずかしい」と思わなくなるかどうか。
　③すべての言葉が「アドバイス」に聞こえるかどうか。
　この3つバロメーターについて、以下に説明します。

①「協力者」が現れるかどうか

　まず、自分が日頃口にしている夢の協力者が現れるかどうかです。
　「西村さん、そんなことを考えているのなら、こんな人を知っていますよ」
　「西村さんの夢の実現に向けて、私もお手伝いがしたいです」
　このように、自ら進んで協力してくれる存在が現れるようになってくると、ようやく周りに自分の本気さが伝わり出したのだ、自分はやはり本気だったのだと確認することができます。
　熱意は人から人に伝わるものです。本当に熱意を込めてつくった製品は、使う人にも熱意が伝わり、使うのが楽しい製品になります。本当に熱意を持って、本物の本気で一生懸命に取り組んでいれば、「手伝うよ」「一緒にやるよ」という人が集まってくるものです。
　もしも自分が行おうとしていることに対して協力者が現れないとすれば、それは誰かが悪いのではなく、**まだ自分の熱意や本気が本物ではない**ということなのです。人に言うのが恥ずかしいほどの大きな夢を持ち、口にすることは、一生懸命に取り組むことを意味しています。自分の思いが本物なら、必ず助けてくれる協力者が現れます。夢の実現の可能性は、こうした協力者がどれだけ現れるかで決まるのです。
　「ほめ達」の普及もその1つです。幸いにもたくさんの協力者が現れて加速しています。ありがたいことと思います。

②「恥ずかしい」と思わなくなるかどうか

　次に、自分がやっていることに対して「恥ずかしい」と思わなくなるかどうかです。
　私の場合、「ほめ達」を広めることにおいて、恥ずかしいという感覚が一切なくなりました。「ほめ達」の普及のためだったら、どんなことでも恥ずかしがらずにできるという勇気を得ました。

常にイメージカラーのオレンジを身につけ、「ほめ達」グッズを携帯し、「ほめ達」ステッカーを貼ったキャスターバッグをゴロゴロ引っ張って歩いています。ただ立っているときでも、「ほめ達」を紹介できるように、服や小物に語らせることもしています。そして常に全力の笑顔をしています。
　これらはすべて「ほめ達」を広げるための、私の本気です。

③すべての言葉が「アドバイス」に聞こえるかどうか

　私は、本気で「HOMETATSU（ほめ達）」でノーベル平和賞を受賞したいと考えています。しかしそう言い続けているうちに、次の言葉が聞こえてきました。
　「ノーベル平和賞？　そんなの取れるわけがないでしょう。『ほめ達！』検定は日本でしか実施していないのに」
　こう言われて私は、はっと気づきました。
　「そうか、海外に『ほめ達』を広めるのを忘れていた！」
　「日本でしか実施していないのに」を非難と取るか、それとも「日本以外にも広めさない」というアドバイスと取るかで、相手の言葉の受け止め方は大きく変わってきます。
　人は話し方ももちろん大切ですが、聞き方やリアクションによって相手の心を打つことができます。さらに、自分の本気度を確認することもできるのです。
　「日本でしか実施していないのにという言葉をきっかけに、「ほめ達」の海外講演会が決まり、「ほめ達」検定を海外で行おうという動きが出てきたのです。

「できない理由」が「できる理由」に変わる

　ある企業の創業者が、若い社員に新商品開発についての難しいプ

ロジェクトを任せたときのことです。

　その新商品開発は大変難しいプロジェクトのため、若い社員は「できない言い訳」ばかりをしました。
　そこで創業者は、プロジェクトに関連する専門家が集まる会合にその若い社員を連れていき、話を聞いて回りました。専門家からは、20個を超える「できない理由」が挙がってきました。
　内心、若い社員は「これで創業者もあきらめるかな」と思っていると、創業者は次のように言いました。
「ほら。これで20個の問題を解決すればできるとわかったじゃないか」
　創業者にとって20個の問題は、「できない理由」ではなく、これを解決すればできるという「ありがたいアドバイス」だったのです。やがて若い社員は、見事に難しいプロジェクトをやり遂げることができました。

　恥ずかしいくらいの夢を持ち、その夢を常に口にしていると、周囲の「無理だ」「難しい」という声さえも「ありがたいアドバイス」として聞こえてくるのです。
　大きな夢を持ち、堂々と口にして、本気で取り組んでいるといろいろな奇跡が起こります。
　ただし、「本気」という言葉は同じでも、「本気度合い」には初段から10段までの差があります。「俺は本気だよ」と言うとき、あなたの思いは「本気度合い」の何段でしょうか。初段と10段では、夢の実現度に大きく差が出ます。

3 航空力学は後付け

「ほめる」効果の理論も後付けされる

理論は事実の後からついてくる

　私が好きな言葉に、「航空力学は後付けだ」というものがあります。
　人類が初めて空を飛んだのは1903年12月のことです。ノースカロライナ州キティーホークにおいて、ライト兄弟のライトフライヤー号が4回の飛行を試み、それぞれ12秒、12秒、15秒、59秒の間、空を飛ぶことに成功しました。
　しかし、当時の専門家たちは「機械が空を飛ぶことは不可能」として、ライト兄弟の快挙を簡単には認めようとしませんでした。それほど当時の人にとって「空を飛ぶ」ことはあまりに困難で非現実的な話だったということなのでしょう。
　現在では、飛行機が空を飛ぶのは当たり前で、私たちの日常にとって欠くことのできない乗り物の1つとなっています。
　鳥が空を飛んでいたから、人がつくった乗り物が飛んだから、「翼状のものに風を強く当てることによって揚力（流れに対し垂直に働く力）が発生する。だから飛行機は飛べるのだ」という理屈が、後からついてきたのです。

「ほめる」効果の実証実験

　私が「ほめる」ことの効用に気づき、「ほめ達」として生きていく

決断をしたのは、「ほめれば〇〇が起きる」といった理論に後押しされたからではありません。あくまでも私の体験からスタートしたのです。しかし今、ようやく「ほめる」ことにも理論が後付けされてきています。

　私は、承認学の権威である同志社大学の太田　肇 教授と数年前から共同研究を実施しています。承認学とは、ほめる・認めることに関する系統的な研究です。以下に、ある公益企業での研究結果を紹介します。

....

　私と太田教授は、1,000人の部下のいる従業員を半分に分け、まず私が「ほめ達」上司になる研修を半年間実施し、残り半分の上司には研修を実施せず、「そのまま」にしました。

　そのうえで、研修を受けた「ほめ達」の上司の部下と、研修を受けていない「そのまま」の上司の部下とで、「内発的モチベーション」「自己効力感」「評価に対する満足度」といった因子について、それぞれどのような心の変化が起きるのかを1年間調査しました。

　すると、「ほめ達上司」の下で働く部下は、モチベーションが高いところからさらに上がり、そうでない上司の元で働いた部下は、モチベーションが低いところからさらに下がるという結果が、数字ではっきりと証明されました。

　特に印象的だったのが、35歳以上と35歳未満の違いです。

内発的モチベーションの変化（承認の有無別）

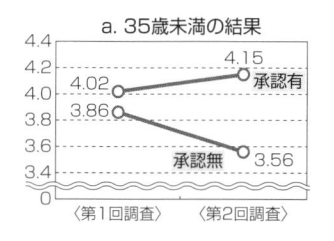

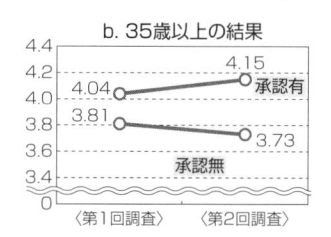

a. 35歳未満の結果
- 承認有: 4.02 → 4.15
- 承認無: 3.86 → 3.56

b. 35歳以上の結果
- 承認有: 4.04 → 4.15
- 承認無: 3.81 → 3.73

〈第1回調査〉　〈第2回調査〉

35歳未満の部下は、ほめられないとモチベーションが劇的に下がることが明らかになりました。

....

確かに以前から、「今どきの若者は…」という言い方で、若い人の「打たれ弱さ」を指摘する人は少なくありませんでした。

ある年齢以上の人たちは、親や先生、上司から叱られるのが当たり前という環境で育ったためか、叱られることで「何を」という気持ちを持ったり、「自分に見込みがあるから叱るんだ」といった肯定的な捉え方をしたりという傾向があります。

しかし、叱るにしろ、ほめるにしろ、最も大切なのは「誰が言うか」です。自分を叱ってくれる人に対する尊敬や信頼の念があれば、叱られても肯定的に捉えることもできるでしょう。ただ、一般的には、**叱られるよりはほめられるほうがモチベーションの上昇につながりやすい**と考えられます。

若い人は、叱るよりほめたほうがいいと経験的に考えられることが、「ほめ達」研修を通して得られたデータで立証されたのです。

まずは実践することが大切

私と太田教授は、さらに一歩進んで、国内最大の保険会社と共同して、「ほめる」ことがモチベーションだけでなく、業績にどのように影響するかという調査を行っています。

また、全国400教室規模の学習塾と共同し、子どもにどのようなタイミングで、どのような言葉がけで「ほめる」と、机に向かう時間が長くなったり、実際の成績に影響したりするかの調査も準備中です。

これらの結果を発表すれば、「ピグマリオン効果」(※)の研究結果を越える反響になるかもしれないと考えています。

(※) ピグマリオン効果とは、人は周りから期待されたとおりに成果を出す傾向があるというものです。詳しくは❀4で紹介します。

　以上のように、「ほめる」の効用は理論でも確実に立証されつつありますが、これは、理論で確かな裏付けが揃ってから「ほめる」を始めましょうということではありません。

　世の中にはすべてのデータが揃うまで行動を起こさない人がいますが、それでは新しい何かを生み出すことは不可能です。理論は後付けでも、**経験的に正しいと信じるなら、思い切ってやってみる**ことが必要なのです。

　私は、かつては「ダメ出しの達人」でしたが、ダメ出しをどれほど正確に、どれほどたくさん行ったところで、相手のモチベーションが下がっては、「最高の返事」＝「行動」は絶対に出てこないのです。

　体験を通して、ほめて伝えないと「行動」につながらないことを知った私は、以来、「正しいことは、ほめて伝える、そして気づかせる」を徹底するようになりました。

　第1部❀5で述べたとおり、人はほめられると、ほめられていないところまで気づき、そしてもっとよくしようとするのです。

　こうした人間の心理と行動の関係は、いずれデータによって立証されると思います。しかし、それを待たずとも**「ほめる」ことの価値を知り、効能を信じて実践する**ことこそ必要なのです。

　理論は後付けでかまいません。まずは、「ほめる」をどんどん実践し、「ほめるってすごい」を実感し、周りに伝えていきましょう。

4 ピグマリオン王の奇跡

ピグマリオン効果は自分自身にも働く

❖ 周りの期待が能力を開花させる

　人は、周りの人の思い込みによって、現在持っている能力以上の力を発揮することができるのです。これを「ピグマリオン効果」といいます。

　古代ギリシャの神話に、次のような話があります。

　女性の彫像に恋焦がれたピグマリオン王は、彫像に「人間になってくれ」と願い続けました。するとついに、アフロディテ神が願いに応えて、彫像を人間に変えたというものです。

　この神話から、人が持つ**周りから期待されたとおりに成果を出す**傾向のことを、ピグマリオン効果というようになりました。

　ピグマリオン効果を証明したのが、アメリカの教育心理学者ロバート・ローゼンタールが1960年代に行った次の2つの実験です。

実験1　スーパーマウス

　1つ目の実験は、ネズミを使ったものです。

....

　ローゼンタールは、学生をAとBの2つのグループに分け、それぞれにネズミを預けて、迷路を脱出できるように仕込んでくれと依頼しました。

　その際、Aの学生には、「このネズミは遺伝子操作をしたスーパー

マウスなんだ。特別なネズミだぞ」と言いました。
　一方、Bの学生には、「このネズミは町で捕まえた、どこにでもいる普通のネズミだ」と言いました。
　しかし、実際は「スーパーマウス」というのはまったくの嘘だったのです。A・Bどちらも、町で捕まえてきた、どこにでもいるごく普通のネズミでした。
　預けたのは同じネズミですが、預ける際の前振りが違うだけでした。
　しかし、同じネズミでありながら、「特別なネズミ」というAと、「ごく普通のネズミ」というBとでは、説明の違いが非常に大きな差を生むことになりました。Aのネズミのほうが、Bのネズミより迷路を脱出する能力が明らかに高まったのです。

....

　この結果の理由は、学生の「期待」の違いにありました。
　Aの学生は、「これは特別なネズミだ」と期待していますから、たとえネズミが間違っても辛抱強く訓練します。
　「特別なネズミなのだから資質や才能があるはずだ。もし、特別なネズミをうまく訓練できないとすれば、それはネズミが悪いのではなく、きちんと訓練できない自分たちが悪い」と考え、恐らく根気良く、いろいろと工夫を凝らして教えようとしたはずです。
　一方、Bの学生は、「どこにでも、いくらでもいるネズミ」と思っていますから、最初からネズミに期待などしていません。そのため、ネズミが間違えた場合、「やはりこいつじゃあ無理だな」と考えるわけです。もともとの資質が劣るのですから、間違えるのは当然であり、いくら訓練しても簡単にできるようになるはずがないと考えてしまいます。扱いも、どうしても雑になったことでしょう。
　こうした考え方の違いが、元は同じネズミであるにもかかわらず、能力の差となってはっきりと現れたのです。

|実験2| 特別な子ども

2つ目の実験は、人間の子どもたちに関するものです。

....

ある学校で知能テストを実施した後、クラスの担任教師に次のような指示が出ました。

「あなたのクラスの生徒A、B、Cは知能テストで特別にすごい成績を出しました。大変な可能性を秘めています。ただし、このことは本人たちには伝えないように」

実は、これもまったくの嘘でした。町で捕まえた、ごく普通のネズミを「特別なネズミ」と言ったように、この3人も、平均的な点数を取った、ごく平凡な生徒に過ぎませんでした。つまり、この時点では、「すごい成績」も取っていなければ、「大変な可能性」も数字の上では現れていなかったのです。

ところが、何年か追跡調査をしていくと、A、B、Cの3人とも、その後、クラスでトップの成績を取り続けたのでした。

....

この結果の理由も、やはり「期待」でした。

担任教師たちは、A・B・Cの3人は特別な才能を持つ、特別な子どもたちだと信じ込んでいます。このため、3人が「わかりません」と言えば、「この子たちが悪いのではなく、才能のある子を教えられない自分が悪い」と考えるのです。

ですから、担任教師たちは、何とかこの子たちの才能を引き出そうと一生懸命に努力し、期待を持って根気良く教えていく努力を惜しみません。やがて、この子たちの能力は本当に伸び始めることになったのです。

それでは、ネズミの例のように、この3人が「どこにでもいる普通の子ども」と聞かされていたらどうでしょうか。教師の教えを理解できなければ、「この子は頭が悪いのではないか」と考え、できな

ければできないままに放っておいたかもしれません。「特別な子ども」という思い込みこそが、教師の意識を変え、生徒の能力を引き出したのです。

このように、**周りの人の「思い込み」によって人の能力が大きく開花することがある**のです。これが心理学でいうピグマリオン効果です。

自分の期待も自分の能力を開花させる

私は、ピグマリオン効果は自分自身にも働くと考えています。

脳には人称の仕組みがありません。人称とは、「私」「あなた」「彼」「彼女」など、動作・状態の主語のことですが、脳は人称を識別できないのです。

誰かに向けた言葉や思い、期待などを、脳は自分に向けられたものだと受け取ります。つまり、「ほめ達」として、自分の周りにいる人の可能性を信じ、価値を伝え続けていると、**伝えている自分自身の可能性も信じられるようになる**のです。

そして、信じることが「ピグマリオン効果」となって、周囲の人の能力を引き出すだけでなく、自分自身の能力も大きく伸ばすことになるのです。

大切なのは、誰もが持つ可能性を信じ、価値を見つけ、価値を伝え続けていくことなのです。「ほめ達」は、周りの人を伸ばすだけでなく、自分自身の成長をも促す力を持っている人なのです。

5 若い人や子どもの未来を創造する
信じて「スイッチ」を押し続けることが大切

「今どきの若者」というラベル

　「今どきの若者は…」の後に続くのは、たいていの場合、「根性がない」「甘えている」「夢を持たない」といった否定的な言葉です。いつの時代でも、ある年齢以上の人は、「今どきの若者」と言って、自分より年下の人間のあら探しをしたり、自分たちがいかにがんばってきたかを示そうとしたりします。

　確かに、「ゆとり世代」^(※)「さとり世代」^(※)という表現もあります。

> (※) ゆとり世代とは、学習指導要領に「ゆとり教育」が盛り込まれた、2002年度から2010年度に学校教育を受けた世代です。
>
> (※) さとり世代とは、「ゆとり世代」の次世代にあたり、浪費を避け、穏やかな暮らしを望むといわれる世代です。

　今の中高年から見ると、10代、20代、さらには30代前半の世代が持っている常識は、自分たちが考えている常識と大きな差があり、その分、言葉が通じないことへの戸惑いもあると思います。

　しかし私は、「今どきの若者は…」の後に、「すごいです」という言葉をつなげたいと思います。

　お世辞ではなく、今の若い人はすごいのです。

　特に、自分の行動が相手の感謝につながる、自分の行動が組織に貢献できていると知ったときのエネルギーの出し方は、本当にすごいものです。

若い人が発揮するエネルギーを知っている人は、決して「今どきの若者」と一括りでマイナスの評価をすることはないでしょう。しかし、ほとんどの中高年の人は、若い人が発揮するエネルギーを体験していないため、つい、「今どきの若者は…」とマイナスのラベルを貼ってしまうのでしょう。

　✿1で述べたとおり、人はよくわからないものにラベルを貼ることで、「わかった」ような安心感を手にします。しかし、いったん貼ったラベルをはがすのは、大変難しいという欠点があります。ラベルをはがして、今の若い人を素直に見れば、「すごい」という感想も出て来るはずです。

　それでは、なぜ、多くの人が「今どきの若者」へのネガティブな見方から脱出できないのかというと、それは今の若い人のエネルギーが出る「スイッチ」の位置が大変わかりにくいからなのです。

❖「今どきの若者」のスイッチ

　以前は、エネルギーが出る「スイッチ」の位置は、ほぼすべての人で同じだったと思います。そのスイッチを押すと、皆がやる気になって動いていました。

　しかし、「今どきの若者」は、スイッチの位置がばらばらなのです。スイッチの位置が違うだけでなく、「このスイッチを押して、次にあのスイッチを押して…」というように、2か所、3か所押さないとエネルギーが出ない人もいるのです。

　このため、自分が「今どきの若者」だったときに押されたのと同じ感覚でスイッチを押しても、現在の「今どきの若者」は滅多に反応せず、エネルギーがわいてこないのです。

　こうした反応を見ていると、つい、「まったく今どきの若者は、やる気があるのかないのかわからない」といった愚痴をこぼしたくな

るのです。しかし実際には、スイッチがないのではなく、スイッチの位置が一定ではなかったり、スイッチの押し方が人によって異なっているだけなのです。

ですから、「スイッチなんかない」と切り捨てるのではなく、「スイッチは必ずある」「スイッチは必ず作動する」と信じて、いろいろなところを根気良く、何度も押し続けることが大切になります。

そこで使うのが、第1部❀6で述べた**小さな事実を「ほめる」**ことです。

しかし、小さなことをけなすのは得意なのに、小さなことをほめるのは苦手という人が少なくありません。小さなことをいくら一生懸命にけなしたところで、何も生まれません。人が成長することもありません。頭と目を使ってあら探しをするよりも、小さな事実を見つけて、ほめることに力を入れましょう。

もし、どうしても言っておきたいことがあるのなら、第1部❀5で述べたとおり、いいところを伝えた後に、「あと惜しいのが、○○だね」と伝えましょう。これが**自分の言いたいことを言って、しかも相手を成長させていくものの言い方**なのです。相手がこちらの話を聞く気持ちになったところで、次のステージへと向かわせるのです。

小さなステージ		大きなステージ
	成長	

まずは、「今どきの若者」が持っている「スイッチ」を信じて、価値に気づき、価値を伝え続けることです。すぐにではないかもしれませんが、スイッチさえ押すことができれば、今の若い人はすごい

エネルギーを発揮します。**信じてスイッチを押し続ける**ことが非常に大切なのです。

スイッチの力を信じる

　位置がわかりにくくても、「今どきの若者」が確実にすごいエネルギーを出すスイッチを持っているように、子どももスイッチを持っています。子どもに対しても、信じて接することが必要です。

　私は、自分の子どもを育てるにあたり、挨拶や姿勢、箸の使い方などの行儀は厳しくしつけました。しかし、それ以外の面では一人の人格を持つ存在として、対等に話をするようにしてきました。子どもに対しても、常に尊敬していることを伝えるようにしてきたのです。

　何かすごいところを見つけたら、「お前、すごいな」とか、「こんなのができてすごいね。パパ、尊敬するわ」という言葉を、どんどん伝えました。**人は、自分のことを尊敬してくれる人を裏切ることはできません。**尊敬に対しては、尊敬が返ってくるのです。

　言葉には、子どもの人生を変える可能性があります。

　周りの人からの言葉には、すごく嬉しい言葉も悲しい言葉もあります。言ったほうは覚えていなくとも、言われたほうはずっと心の中に留めたままになるのです。

　大切なのは、「今どきの若者」以上に、子どもの持っている可能性を信じ、価値を見つけようと努力し、その子どもに価値を伝え続けることなのです。親や先生の言葉一つで、子どもに新しい世界を創造することもでき、子どもの将来を殺すこともあるのです。

　現在の若い人や子どものスイッチを信じ、スイッチが発揮する力を信じることは、**皆の未来を創造する**ことです。「ほめ達」は、未来を創造する役目を果たす人です。

6 「ほめ達」の リーダーとしての役割

価値の表現の仕方で、相手の生き方ややる気は大きく変わる

❖ リーダーとして組織の力を引き出す

　人材も資金もあり、同じような条件を持っていても、ある組織は優れた製品やサービスを生み出すのに対し、ある組織は優れた製品やサービスを生み出すことができないでいます。

　スティーブ・ジョブズの言葉に、次のものがあります。

　「優れた人材には、束ねる重力のようなものが必要だ」

　ジョブズは、組織の違いは、人材の質や資金力の差ではなく、皆を束ね、1つの目標に向かって進ませる力があるかないかだと考えていました。企業活動だけでなく、チームスポーツでも、皆の心を1つにまとめ、高い目標に向かって進むよう指揮できる優れたリーダーの存在が不可欠なのです。

　それでは、優れたリーダーとはどのような人なのでしょうか。「三人の石職人」の話がよく表しています。

....

　ある建築現場で、ある人が一生懸命、石を積んでいます。「何をしているんですか」と尋ねると、次のような答えが返ってきました。

　「石を積んで建物をつくっているんだ。冬は寒くて夏は本当に暑い、腰が痛くなる仕事だ。俺、本当はこんな仕事をする人間じゃないんだが…。こんな時代には、こんな仕事しかなくて、生活のためにやっている

んだ」

　少し離れた建築現場で、別の人が一生懸命、石を積んでいます。同じように「何をしているんですか」と尋ねると、少し違う答えが返ってきました。

「建物をつくってます。給料はまあまあ。この現場は、だいたい5か月ぐらいで終わって、次は北に行くと思います。生活ができる程度の普通の仕事です」

　さらに少し離れた建築現場で、また別の人が一生懸命、石を積んでいます。また同じように「何をしているんですか」と尋ねると、まったく違う答えが返ってきました。

「教会をつくっています。アーチの土台の部分です。石組みなので何百年も残ります。この教会ができれば、幸せの絶頂の人が結婚式を挙げて、さらに周りの人に幸福を振りまくでしょう。そして、本当に心が苦しい人が、神父さんに相談に来たり、神様に悩みを打ち明けたりして楽になったりします。これが完成したら、そういう建物ができるんです。私がしている仕事はほんの一部ですけども、そういう仕事に携われて本当に幸せです。誇りを持っています」

　先の二人とは違って、人を明るく元気にするような答えが返ってきたのです。

. . . .

　一人目の答えも二人目の答えも本音であり、正直なものでしょう。しかし、一人目または二人目のような考え方で生きる人生と、三人目のような考え方で生きる人生では、どちらが素敵な人生を生きているといえるのでしょう。

　私は初めてこの話を聞いたとき、三人目のような人にはどうすればなれるのだろうと思いました。しかし、今では、一人目・二人目

と三人目とでは、働いている組織と棟梁（とうりょう）が違うのだと思うようになりました。

三人目の人の棟梁は、きっと「ほめ達」の棟梁であるに違いありません。

「地味な仕事だけれど、何百年も残る。そして幸せや救いが満ちる建物になる」

そこに誇りを持って働きなさいと伝えたに違いないのです。

価値を伝えることでやる気を引き出す

取り組んでいることは同じであっても、**そこにどのような「価値」を見いだすかで、やりがいは大きく変わってきます**。先に述べたジョブズは、若い頃には「暴君」と呼ばれていました。部下に平気で無理難題を押し付けるからです。しかし、ジョブズの下には才能ある若い人が安い給料にもかかわらず続々と集まってきて、猛烈に働き、素晴らしい製品をつくり上げました。なぜでしょうか。

ジョブズは、若いエンジニアを「アーティスト」と呼び、「君たちの仕事は世界を変える。宇宙に衝撃を与える」と言いました。若いエンジニアはジョブズの言葉にやる気をかき立てられ、全力で仕事に打ち込み、革命を起こすような製品をつくり上げたのです。

もしジョブズが、エンジニアの仕事を「世界を変える」ではなく、「売れるコンピュータをつくれ」「ライバルに負けるな」と言ったとすれば、これほどのやりがいは生まれなかったはずです。

自分は何のために行動するのか、自分の仕事はどのような価値を持っているのかということをきちんと伝えられるのが、「ほめ達」のリーダーなのです。

どのような価値を見出し、どのように表現するかによって、相手の生き方ややる気は大きく変わってくるのです。

まずリーダーがビジョンと自信を持つ

「ほめ達」のリーダーは、価値を見つけ、価値を伝えるだけでなく、ビジョンを示す人でなければなりません。次のような話があります。

あるとき、山登りをしていたグループが、突然の天候の悪化により、自分たちの居場所を見失ってしまいました。しかも全員が軽装で、地図も持っていませんでした。

このままでは遭難する…。みんながそう思ったとき、一人が突然「地図があった」と言って、ポケットから地図を取り出しました。そして、その地図を頼りに、無事に下山することができました。

ところが、落ち着いてから地図を見ると、それは自分たちが登っていた山のものではなかったのです。

この話のポイントは、「たとえ間違った地図ではあっても、人は進むべき方向が明確なら、安心して前に進むことができる」という点です。

つまり、**リーダーがしっかりとしたビジョンを示し、自信を持って進めば、周りの人も安心して前に進む**のです。世の中にはやってみなければわからないことがたくさんあります。示したビジョンにはリスクがあり、100％の成功が約束されているわけではありません。しかし、少なくともリーダーが自信を持ち、はっきりと方向を示すことが必要です。

最も困る状況は、進むべき道が見えず、右往左往することなのです。示したビジョンが間違っているかどうかよりも、ビジョンをはっきりと示しているかどうかが重要なのです。

「ほめ達」のリーダーとしての役目は、取り組んでいることの価値に気づき、価値を伝え、目指すべき道をはっきりと示すことです。

7 微力は無力ではない

「3年先の稽古」「量は質に転化する」を信じてほめ続ける

▶ 微差も積み重ねると大差になる

　相撲の世界に「3年先の稽古」という言葉があります。
　歯を食いしばって行っている稽古は、明日すぐに結果が出るものではありません。だからといって、今の稽古をやめてしまったら、永久に強くなることはできません。今の厳しくつらい稽古は、3年先の自分のためのものであり、時を経て、いつか必ず花開くものなのです。これを信じて日々の稽古に打ち込むことが大切なのです。
　また、マラソンの名ランナーであった君原健二さんの言葉に、次のようなものがあります。
　「紙一重の薄さも、重ねれば本の厚さになる」
　この言葉の意味を紹介しましょう。

　高校を卒業して陸上の名門チームに入った君原さんは、最初は先輩に追いつくことも、練習の設定タイムを達成することもできませんでした。そこで、練習方法を変え、必ずアウトコースを走ることにしました。インコースに比べ、アウトコースを走るとトラック1周につき6メートル余計に走ることになります。
　1日100周なら600メートルです。それを皆と同じタイムで走れるようになれば、実際には600メートルリードしたことになります。1周6メートルの差は小さなものです。しかし、何周も、何日も、

何年も続ければ大差となるのです。平凡なランナーであった君原さんは、やがてメキシコオリンピックのマラソンで銀メダルをとるほどの選手になったのです。

　最初は**微差でも、それを３年間続ければ非常に大きな差になる**のです。無力とは何の力もないことですが、微差・微力でも決してあきらめることなく日々積み重ねていけば、やがて大きな差・大きな力となるのです。

量は積み重ねることで質へと変化する

　ある落語家は、若い頃、とにかく100の噺(はなし)を覚えるように師匠から言われたそうです。最初はつたない噺し方でも、たくさんの噺を覚え稽古を積み重ねていくと、量は質へと変化して、噺し方に味が出てくるというのです。

　「量より質」という言葉もありますが、意味がよくわからなくても、たとえ下手でも、量をこなしていくことが必要なのです。量をこなすことで、今まで見えていなかったものが見え、気づきが生まれ、**見つかったもの・気づいたものが質へとつながっていく**のです。

　先に述べた「３年先の稽古」という言葉を信じて、小さなことをこつこつと積み重ねましょう。**量はいつか質に転化する**ことを信じて、ひたすらに今できることをやり続けましょう。積み重ねていると、やがて周囲を巻き込みます。つまり、小さな渦が大きな渦へと変わっていくのです。

　活気のない組織のなかに「ほめる」ことを導入したからといって、何かが劇的に変わるわけではありません。しかし、根気よく１か月、２か月と続けていると小さな変化が生まれ、やがて大きな変化へとつながります。信じて、たゆまずほめ続けることが大切なのです。

8 「ほめ達」は最高の人生ガイド

まずは自分の人生を精一杯生き、誰かのためのガイドとなる

∴ 人生は一生に一度だけの旅行

　もし、誰かから次のように言われたら、皆さんはどうしますか。
　「これから先、20年間は2日以上の連休は認めません。その代わり、これから8日間、好きなところに旅行に行ってもいいです。どこに泊まってもいいですし、どんなオプションを使ってもかまいません。費用負担は一切必要ありません」
　このように言われたら、きっと「人生最高の旅行」にするために必死になってスケジュールを練り上げ、最高のホテルを調べたり、行きたい観光地を探したりするはずです。
　間違っても、あまり調べもせず、行き当たりばったりの旅行で時間を無駄にすることはないはずです。「最高の旅行」をするために、持てる力のすべてを発揮するのではないでしょうか。
　私は、人生というのは、生涯に二度と味わうことのできない旅行のようなものではないかと考えています。
　人として生まれてきたということは、長期の休暇や長期の旅行の権利を手に入れたようなものです。人間の80歳の寿命は8日間の旅行にたとえられます。人によって日数は違うでしょうが、いずれにしても限りある旅行期間です。どのような旅行にするかも、やはり人によって違うと思いますが、大切なのは旅行をいかに楽しむかです。

旅行の楽しみを左右するのは一緒に行動する人

しかし、せっかくの旅行にもかかわらず、一緒に旅行をしている人が現地の料理に対して次のようなことを言ったとしたらどう感じるでしょうか。

「日本で食べる料理のほうがおいしいな。現地の料理といってもたいしたことないし、店も汚いし、出てくるのも遅いよね」

あるいは、観光しながら「道が汚い」「不潔な街だ」などと、あら探しばかりする人であったら、せっかくの旅行が台なしになってしまいます。

反対に、一緒に旅行をしている人が現地の料理に対して次のようなことを言ったとしたらどう感じるでしょうか。

「やっぱり現地で食べる料理はひと味違うよね。素材からして違うし、何よりこんな素敵な仲間と食事ができるのは最高だね」

あるいは、観光しながら「この近くの海岸から見える夕日は世界的に有名なんだって。見に行ってみようよ」「この建物は歴史的に価値があるだけでなく、こんな素敵なエピソードもあるんだよ」などと言う人であったら、旅行も楽しくなります。

人生の中でたった一度しかない旅行を最高のものにするためには、プランを考え抜くだけでなく、一緒に旅行する人も最高に気持ちよく過ごせる人を選びたいというのが、ほとんどの人の願いであるはずです。

一生に一度だけを精一杯努める

「ほめ達」になるということは、最高の人生ガイドになるということです。「ほめ達」は、**人生の素晴らしさを誰よりも知っていて、その価値を伝えられる人**です。

一度きりの人生、限りある人生を、この人と一緒に過ごしたいと思わせるような魅力的な人生ガイドができる人こそが「ほめ達」なのです。
　そして、魅力的な人生ガイドをするためには、自分自身が限りある人生を全力で生きることが大切です。私は、よく次のように考えています。
　「謙遜して生きていくには、この人生はあまりにも短すぎる」
　適度な謙遜は、何ごとも謙虚に学ぶという姿勢になり、成長につながります。しかし、過度な謙遜は、引いてばかりいる姿勢につながり、せっかくのチャンスを逃すことになります。
　学ぶうえで「謙虚に生きる」ことは大切ですが、何でも謙遜して生きる必要はありません。**迷ったら思い切って一歩を踏み出す**ことで、限りある人生を有意義なものにできるのです。
　命の使い方と書いて、「使命」という言葉になります。
　一度きりの人生、限りある人生で、自分に与えられた時間を使う行為は、食事をすることも、人と話すことも、仕事をすることも、すべて命がけの真剣勝負だと考えます。
　このように考えれば、今という時間を無駄に謙遜することなく、精一杯生きることができます。人生を思い切り生き、思い切り楽しむことができるはずです。
　人生は「一生に一度だけ」許された数日間の海外旅行のようなものです。そうであれば、精一杯のプランをつくり、思い切り有意義なものにするのが当然のはずです。
　まずは自分の人生を精一杯生き、誰かのために最高のガイド役となることです。「ほめ達」とは、その誰かが人生を有意義に生きるための水先案内人となる人です。

第3部

「ほめる」技術を身につける

1 「初対面」のときから ほめる

「会えたこと」に感謝し、「会えたこと」をほめる

❖ 態度を先に決めてから人に会う

　一面識もない人と話をしなければならないことは、日常生活でも結構あるものです。

　そのときに大切なのは、会う前からあれこれ思い悩んで「嫌な顔をされたらどうしよう」などと腰が引けた状態にならないことです。

　最初から態度を決めてかかること、態度を先に決めてから人と会うことがポイントです。

　会う前から「私はこの人を絶対に好きになる」「この人は私を絶対好きになってくれる」と勝手に決めつけておくのです。これだけで、相手に声を掛ける勇気が出て、相手を「ほめる」ことも簡単にできるようになります。

　「ほめ達」として大切なのは、会う前にあれこれ思い悩むのではなく、「ほめる」と態度を決めておくことです。

　つまり、**会ってすぐに、「出会ったこと」をほめる**ということです。

　もちろん、いくら会う前から「ほめる」と決めていても、会う人がどのような人なのかは事前にはわかりません。人によっては、インターネットなどを通じて予備知識を仕入れることも可能でしょうが、相手が自分に対してどのような態度で接してくれるか、どのような言葉を掛けてくれるかといったことは想像しかできません。

　まずは「会えたこと」に感謝し、「会えたこと」をほめるのです。

これなら、事前に準備ができます。言う・伝えることを決めておくことができます。

「今日は、お会いできて本当に嬉しいです。お会いできたことに心から感謝します」という感謝の言葉も、立派なほめ言葉です。

「会えたこと」をほめられて嫌な気持ちになる人はいません。まずは素晴らしい出会いに感謝しましょう。

笑顔は「なるもの」ではなく「するもの」

「会えたこと」をほめたら、もう一歩踏み込んで、小さなことをほめるようにするといいでしょう。

なかでも一番やりやすいのは、**相手の「笑顔」をほめる**という方法です。

ここできっと、次のような疑問を抱く人がいるはずです。

「相手が笑顔じゃなかったらどうするの」

確かに、初対面のときから満面の笑みで迎えてくれる人はほとんどいないでしょう。初対面のときは、お互いに何となく警戒していますから、たとえ笑顔になったとしても少しぎこちなくなるものです。しかしこれは、簡単に解決することができます。

それはまず、自分自身が**これ以上ないだろうという「全力の笑顔」をする**のです。挨拶や名刺交換の際、全力で笑顔をすると、最初はどんなに難しい顔をしている人でも、目が合った瞬間に思わず笑顔になります。するとこちらも、自然と相手に「素敵な笑顔ですね」と言えるわけです。

笑顔は「なるもの」ではなく、「するもの」というのが「ほめ達」の流儀です。つまり、「ほめ達」の笑顔は、何かを見たり聞いたりしてなるのではなく、「自分から、全力でする」ものなのです。

笑顔がもたらすプラスの意味と価値を相手に伝える

　それでは、どこまで笑顔をするのかというと、目の前の人が「笑顔になる」までです。

　初対面で人と会うときは、誰でも緊張するものです。「どんな人なのだろう」と考えて不安な顔になったり、「なめられたら嫌だから」とわざと厳しい顔をしてみたりするものです。しかしそのようなとき、目の前に現れた人が満面の笑顔で「初めまして○○です。お会いできて嬉しいです」と挨拶してくれたら、どうでしょう。最初はこわばっていた顔も、自然とほころぶのではないでしょうか。

　全力の笑顔には、相手を笑顔にする力があります。こちらの笑顔に相手が笑顔で応えてくれたら、次のように言いましょう。

　「素敵な笑顔ですね。その笑顔を拝見すると、元気をいただきます。周りまで明るくなりますね」

　つまり、相手の笑顔を見て、「いい笑顔ですね」と言うだけでなく、笑顔がもたらすプラスの意味と価値を相手に伝えるのです。このひと言が加わることで、相手の印象に深く残ることになります。

事実に貢献が加わるとワンランク上のほめ言葉になる

　人は、単にほめられたいわけではなく、**自分が周りの人にいい影響を与えているという実感を得たい**と考えています。そこで、「事実プラス貢献」でほめると、相手の心に非常に伝わりやすくなります。

　つまり、「素敵な笑顔ですね」に、「私も元気をいただけます」や「周りが明るくなります」という言葉が加わることで、「ほめ言葉」もワンランク上がることになるのです。同様に、「すごく姿勢がいいですね」というほめ言葉に、次のような「貢献」が加われば、ワンランク上のほめ言葉に変わります。

「すごく姿勢がいいですね。そのお姿を拝見すると、何だか身が引き締まります」

「すごく姿勢がいいですね。自分の姿勢を正さないといけないなと反省させられます」

ほめられることで、照れてしまう人もいるかもしれません。しかし、「あなたの笑顔（姿勢）が○○といういい効果を周りに及ぼしていますよ」と聞けば、照れる以上にいい気分になれるはずです。

初対面の人と会うときに、会ってから「ほめる」ことを考えるのでは遅すぎます。会う前から態度を決めておき、会った瞬間に「出会えたこと」に感謝をします。また、会う前に、全力の笑顔をつくることを心がけましょう。全力の笑顔には、相手も笑顔で応えてくれるはずです。**「ほめる」の第一歩は全力の笑顔から**なのです。

ほめることは相手を伸ばし、人間関係を円満にする

南部自動車学校は、教官全員が相手の長所を伸ばす教習に取り組んでいて、「ほめちぎる教習所」といわれています。また、笑顔の挨拶でも評判ですが、その評価を得ているのは、笑顔を100点満点で測定する「スマイルスキャン」という機械を導入したトレーニングの成果です。社員は全員、出社したらまず機械に向かって笑顔を発信し、90点以上を出さないとタイムカードが押せません。この厳しい規則の成果が上がっているのです。

南部自動車学校は、いかに教習を楽しく受けてもらえるかを考え、「ほめて伸ばす」という手法を採用したのです。教習所の卒業生から「ほめられて嬉しかった」という声が多く出ているだけでなく、採用後、教習生は前年より110名も増加したとのことです。また、ほめることはお互いの価値を認めることにつながり、社員間の関係や会社内の雰囲気も非常によくなったそうです。

2 「名前の漢字」から相手に価値を伝える

名前・役割・仕事が持つ価値を関連づける

❖ 名前に使われている漢字の意味に関心を持つ

　仕事で初対面の人と会ったとき、名刺交換をすることが多いでしょう。私は名刺交換のときに、相手の名前をほめるようにしています。自分の名前を「嫌だ」と思っている人もいないわけではありません。だからといって、他人から自分の名前をけなされたとしたら、決していい気持ちはしないものです。誰でも「いいお名前ですね」とほめてもらいたいのです。

　相手の名前をほめるためには、まず、名前に使われている漢字の意味に関心を持つことです。これにより、たとえば名刺交換のときに、**相手の名前を見て、その名前に価値を見いだせる**ようになるのです。私は講演で、次のような話をしています。

・・・・・・・・・・・・・・・・・・・・・・・・・・・・・・・・・・・

　「美しいという意味の『美』という漢字は、なぜ『羊が大きい』と書くのか、ご存知ですか」

　「昔、中国で羊の群れに狼が襲い掛かりました。羊たちが我先に逃げ出そうとしたとき、その群れの中の最も大きな羊が、逆に狼に向かっていきました。狼は、走るのが遅い子羊や、お母さん羊、あるいは弱っている羊をねらいます。大きな羊は、そんな羊たちが逃げ切る時間をかせぐために狼に立ち向かったのです。いくら大きな羊でも、羊が狼を相手に勝てるはずはありません。しかしその羊は、

弱い羊たちを逃がすために、我が身を犠牲にして狼に立ち向かったのです。その大きな羊の姿があまりにも立派で美しいということで、『羊が大きい』と書いて『美』になったのです」

　講演の後、ある男性が私のところに来て、次のような話をしてくれました。
「私の名前には、『美』という漢字が入っています。これまでは『男なのに嫌だなあ』とずっと思っていました。『どうしてもっと男らしい漢字にしてくれなかったのか』と名前を付けた親を恨むこともありました。でも、西村さんの話を聞いて『親は美の持つ意味を知ったうえで、私にこの漢字を使ったのだ』と思えるようになりました。これからは自分の名前に誇りを持って生きることができます。ありがとうございました」
　名前の漢字の意味を知ることで、相手の名前に価値を見出すことができるようになり、コミュニケーションがスムーズになります。この男性のように、「自分の名前の価値」を知ることで、感激したり、生きていく力にしたりする人がいるのです。

> 参考までに、「そんな羊に我もなりたい」という意味で生まれた漢字が「義」です。

名前には両親や祖父母の思いが込められている

　自分の名前が好きではないという人もいますが、どのような名前も、名前をつけるときには、両親や祖父母、関係する人たちが知恵を絞り、子どもの幸せを願って選んでいるのです。だからこそ、名刺交換をする機会があったら、相手の名前の漢字に注目しましょう。たとえば、次のように「ほめる」ことができます。
「お名前の『康』の字は、『すこやか』とか『さかんな』という意

味があります。『家を守る』という意味にもなるそうで、経営者にぴったりのお名前ですね」

相手は一気に心を開いてくれ、お互いの距離もぐっと縮まるのではないでしょうか。名づけ事典などを身近に置いてぱらぱらと見ていると、いろいろな名前に使われる漢字の意味を知ることができます。特徴的な漢字は意味を確認しておき、「ほめる」ことに使ってみてください。いくつかの例を紹介します。

- 「彩」→周りを明るくしてくれる、お名前そのままですね。
- 「悠」→はるかに続く時間のような、スケールの大きさを感じます。
- 「希」→希望の希ですね。「めったにない」「まれな存在」という意味でもありますね。お会いできて嬉しいです。
- 「好」→誰からも愛される幸せなお名前ですね。なぜ、私が自然と笑顔になってしまうのか、お名前を見てわかりました。
- 「英」→「秀でている」「麗しい」という意味ですね。知性のきらめきを感じます。

自分の名前には、たとえ「嫌い」であっても、誰もがいろいろな思いを持っています。**名前をほめられたり、関心を持ったりしてもらうことは、自分自身を大切にしてもらうことと同じに感じられます。**たとえ初対面のときでも、名前の漢字に注目すると、次のように会話が進みます。

....

A：『お名前の「弘司」は「ひろし」さんでよろしいのですか』
B：『いえ、「こうじ」なんです』
A：『ありがとうございます。「こうじ」さんなんですね。では、こうじさん、本日はお時間をいただき、このご縁に心から感謝します』

....

このように、短いやり取りの間に感謝と名前が繰り返されて、い

い関係を早くつくることができます。

立場・役割がわかったら「仕事の価値」を伝える

　名刺交換の機会には、名前と同様に職業に注目することも大切です。その人の職業と個性がつながっているようだったら、そこをほめます。たとえば、職業が銀行員であれば、安心感につながっていることを伝えましょう。「実直な感じ」「真面目そう」「数字に関しては絶対間違いない感じですね」とほめます。

　その人の職業と個性にギャップがある場合は、反対に、その意外性をほめればいいのです。さらに、相手の職業について、その仕事の価値まで伝えることができれば、ワンランク上の「ほめ言葉」になります。

　たとえば、相手の職業が会計士だとします。会計士は、過去の数字を見ることから、後始末をする仕事のイメージがあります。この反動のためか、将来に対しては、提案といった発展的な仕事をしなければならないと思っている人が多いそうです。

　しかし、後方支援役としてどっしり構えて、数字をきちんと解析してくれる会計士がいるからこそ、経営者は「前へ、前へ」と発想を広げることができるのです。そこで、次のように言うと、仕事の価値がぐんと高まることになります。

　「地面がなければ、足で蹴っても前に進むことはできません。会計士というのは、前に進むための地面をつくるようなお仕事ですよね」

　このように、職業と仕事の価値を関連づけることを常に心がけていると、たとえ初対面の人と会っても、相手にきちんと「相手の価値」を伝えることができるようになります。

　「ほめ達」となるためには、名刺交換をするときにも、名前や職業の持つ価値を伝えることを習慣づけていくことが大切なのです。

3 短所を長所として見直そう

脳をストレッチして、思考の可動域を広げる

❖ 見方しだいで短所は長所へと変わる

　人間には、他人のいいところを探そうとしても、自然とネガティブな部分を探してしまうというやっかいな傾向があります。

　誰にでも、長所もあれば短所もあります。強みもあれば弱みもあるのが人間です。他人の長所や強みに目が行けばいいのですが、なぜか短所や弱みにばかり目が行きがちで、その結果、どうしてもけなすことが多くなり、ほめることは自然と少なくなってしまいます。

　しかし、見方しだいで短所は長所になるのです。第2部❖1で述べたとおり、人もモノも出来事も、すべては多面体だからです。

　「あばたもえくぼ」という言葉があるように、好きな人のことは、欠点も長所に見えます。見る角度や、相手に対する心の持ち方一つで、短所も長所になるのです。

　たとえば、座っているときにひどく膝(ひざ)を揺らす癖がある人がいるとします。周りの人は「落ち着きがない」と感じますが、「じっとしていられない」裏側には「好奇心が旺盛で、積極的である」という要素が隠れている可能性があります。

　そこで、**ネガティブな見方の裏にあるプラスの部分を探し出し**、「観察力がありますね」「行動がスピーディーですね」と伝えます。

　あるいは、何度も書類を整え直している人がいるとします。たいていの人は「神経質な人だな」と思うわけですが、角度を変えて見

れば、「仕事が丁寧できちんとしている」と見ることもできます。そこで、実際に「丁寧できちんとしている」一端が見えた瞬間に、相手に次のように伝えます。

「きちんとした方がいてくださるお陰で、物事はちゃんと進んでいきますね。僕なんか散らかすばかりなので、そういうところを見習わないといけないと思います」

相手は、本人自身も神経質なところを気にしているかもしれません。しかし、その裏側にある「丁寧」「きちんとしている」というプラス部分を認められたことで、心を開いてくれる可能性が高いのです。

見る角度を変えると新たな価値が見えてくる

相手の短所や弱みに目が行くこと自体は仕方のないことですが、「ほめ達」は、短所や弱みに目が行ったとしても、その裏側にある長所や強みも見るようにします。

たとえば、次のように長所や強みに変換します。

- 「気が弱い」→　　　　「人の気持ちがすごく良くわかる」
　　　　　　　　　　　　「人を押しのけない」
- 「決断力がない」→　　「人の意見を良く聞いて、きちんと考慮する」
　　　　　　　　　　　　「常にタイミングを考えている」
　　　　　　　　　　　　「フレキシブルである」
- 「わがまま」→　　　　「常により良くなる方法を考えている」
　　　　　　　　　　　　「周りの力を引き出してくれる」
- 「気まぐれ」→　　　　「いつも新しいことを考えている」
- 「ケチ」→　　　　　　「経済観念がある」

- 「出しゃばり」→　　「前向き」
　　　　　　　　　　「積極的」
　　　　　　　　　　「リーダーシップがある」
- 「空気が読めない」→「信念を持っている」
- 「落ち着きがない」→「行動力がある」
　　　　　　　　　　「常に一歩先に出ようとする」

　実際、わがままな上司と仕事をすると、非常に成長するものです。自分では良い仕事をしたと思っても、「まだまだ」「こんなものか」という言い方をされると、疲れる反面、思いがけない意欲や知恵がわいてくるものです。

　このように、見る角度を変えることは、新しい価値の創造につながります。脳をストレッチして、思考の可動域を広げることにもなります。

「視点を変える」を習慣化する

　ネガティブな言葉をポジティブな言葉に変換するアプリケーションを書籍化したものに、『ネガポ辞典』というものがあります。本書には次のような言葉が載っています。

- 「キモい」→　　　「存在感がある」
　　　　　　　　　「個性がある」
　　　　　　　　　「ミステリアス」
- 「存在感がない」→「まわりにとけ込める」
　　　　　　　　　「縁の下の力持ち」

・「敗北」→　「落ち着いている」
　　　　　　「成長材料」
　　　　　　「勝負に張り合いが出てくる」
　　　　　　「結果オーライ」

（出所）ネガポ辞典制作委員会著『ネガポ辞典』主婦の友社

　引け目を感じていることや、欠点と気にしていることをネガティブな言葉で批判されると落ち込んでしまいますが、このようなポジティブな言葉で表現されると確かに前向きになれます。
　人を見て短所に目が行くのは仕方がないとして、目に移った短所について見方を変えて長所に言い換える習慣をつけましょう。大切なのは、欠点・短所・マイナスを目にしたとき、それをそのままにするのではなく、見方を変えて長所・強み・プラスと捉え直すことです。
　若い人や子どもに対して、「飽きっぽい」「根気がない」と感じたら、視点を変えて「柔軟さがある」「臨機応変な姿勢がある」ことに目を向けましょう。部下に対して、「仕事が遅い」と感じたら、視点を変えて「慎重な仕事ぶり」と評価してみましょう。
　物事には必ず裏があり、視点を逆転させれば価値を見つけられます。短所の裏にある長所を見つけ、その価値をどのように相手に伝えるかを考えましょう。
　物事を両面から見たり、角度を変えて見たりするという訓練を重ねるうちに、人を見たときに**自然とプラスに目が行くようになっていきます**。
　欠点のない人間はいませんが、欠点の裏には必ず長所があります。欠点のなかにも価値を見つけ、その価値を伝えるのが「ほめ達」なのです。

4 最高の「ほめ達」スープを作る

「ほめ達」スープ作りのトレーニングとなる「他己紹介」

∴ 観察や会話を通して「ほめ達」スープの材料を集める

　おいしいラーメンスープを作るためには、豚骨や鶏がらといった材料を用意し、時間をかけてあくを取りながら煮込むという作業が欠かせません。材料を吟味する手間や時間を惜しんだりすると、でき上がったスープは、飲む人を満足させるものにはなりません。

　「ほめる」ことにも、ラーメンスープ作りと同じ作業が不可欠です。「ほめ達」スープにも、**たくさんのいい材料**が必要になります。そして、**ひと手間をかけて準備をする**必要があります。

　「ほめ達」スープ作りのトレーニングとして、少人数のセミナーなどで行っているのが「自己紹介」ならぬ「他己紹介」です。これは日常でも使えます。

　自己紹介では自分のことを自分で紹介しますが、他己紹介ではその日初めて会った人を紹介します。初めて会った人について、「この人はどういう人なのか」を皆にわかるように紹介することが求められます。他己紹介のために最初に行うのが相手へのインタビューです。インタビューでどれだけたくさんのいい材料を集めることができるかで、他己紹介の良し悪しが決まります。

　たとえば、相手に名前をフルネームで書いてもらい、名前の由来などを教えてもらいます。さらには好きな言葉や、最近感動したことは何かといったことをいろいろインタビューします。これが材料

集めの段階です。インタビューの際は、聞くだけでなく、相手をしっかりと観察することも必要です。**観察で気づくことも材料の一つに**なっていきます。

　材料が不足していると、「ほめ達」スープは旨みや深みを欠いたものになります。できるだけたくさんの、それもいい材料を集めます。材料は、名前であったり、顔立ちであったり、姿勢であったり、服装や持ち物であったり、声や話し方であったりします。まずは、最初の挨拶や会話、観察を通して材料を集める訓練をしましょう。

　次に、材料を煮込む作業に入ります。集めた材料のまま、ただ「ほめる」のではなく、材料からいかにいい味を引き出して、相手のいいところを伝えるかが大切です。

材料から抽出した「ほめ達」スープで相手をほめる

　他己紹介では、たとえば、次のように紹介します。
　「この人のお名前は○○さんです。名前の由来ははっきりとは聞いていらっしゃらないそうですが、私が推察するに、……ということだと思います。お話をしていて正しくそのとおりのお人柄だと感じました」
　「ほめ達」スープを作るためには、まずは材料を集める力が欠かせません。さらに、材料を煮込んで、いい「ほめ達」スープを引き出す力が必要です。これが一手間かけるということです。
　たとえば、あるジャンルの映画が好きと聞いたのであれば、煮込んで次のような「ほめ達」スープを作ります。
　「その映画が好きなのは、やはり心がきれいだからですね。○○さんの優しさを感じます」
　日頃から、いい「ほめ達」スープを作る力をしっかりと養っておくことで、コミュニケーションスキルも素晴らしく向上するはずです。

5 「ありがとう」を口癖にしよう

感謝の億万長者には、自然と感謝が集まってくる

❖ 正しいほめ方には「事実」が含まれている

　第1部❖6や第2部❖5で述べたとおり、「ほめる」ときは、小さな事実に注目します。そして、事実に「ありがとう」という感謝の言葉を添えると、非常に良い「ほめ言葉」になります。

　周りの人に「役に立った」「貢献した」という事実は、ほめられた人にとって最高に嬉しい事実です。さらに、ほめてくれた人に対して次のように考えるようになります。

　「この人はすごく細かいところを見ているな。しかもマイナスではなく、プラスの部分をしっかりと見てくれているんだ」

　この考え方は、**相手に対する信頼につながり、相手のために何かをしっかりとしようというモチベーションへとつながる**のです。

　「ほめる」というと、人は大きなこと、感動的なことばかりを探そうとします。しかし、それよりも、「小さなことでも、私はあなたのことをちゃんと見ていますよ」と伝えられるかどうかのほうが大切なのです。

　大きなことや感動的なことであれば、誰もがほめてくれます。一方、日々当たり前のように行っていることは、口にしたり、ほめてくれたりする人はほとんどいません。だからこそ、小さなことや当たり前に行っていることに目を留め、その価値を認め、ほめるのです。ほめられた人は、そのひと言に感動し、ほめてくれた人を信頼

するようになるのです。

　さらに、「正しいほめ方」というものがあります。正しいほめ方には事実が含まれているのに対し、正しくないほめ方には事実が含まれていないのです。

　「ほめても、わざとらしくなる」とか、「ほめても、相手に響かない」というのは、正しいほめ方をしていないからなのです。

　まずは、目の前にたくさんあるはずの「小さな事実」を見つけ、価値を見いだすことから始めましょう。**小さな事実に裏付けられた言葉こそが、実は最も相手の心に届く「ほめ言葉」**になり、相手との距離をぐっと縮めてくれるのです。

∵「ありがとう」で人間力が向上する

　事実に対して、「ありがとう」と伝えることは、相手にとってほめられたのと同じ効果を持ち、人間関係が非常に良くなります。

　さらに、ほめられたほうが嬉しくなる人間性を身につけるための習慣づけの一つとして、**「ありがとう」を使う回数を増やす**という方法があります。

　ちょっとした感謝の気持ちを表すとき、「すみません」と言うことが多いのですが、これを「ありがとう」と言い換えてみましょう。

　たとえば、飲食店で水が運ばれてきたら、「すみません」ではなく、「ありがとう」と言います。電車で席を譲られたら、「すみません」ではなく、「ありがとうございます」と言います。そして、よく見かける光景ですが、エレベーターに乗ろうとしたとき、ボタンを押して待ってくれていた人がいたら、「すみません」ではなく、「ありがとうございます」と言うのです。

　もちろん、「すみません」と言っても感謝の気持ちは伝わりますが、相手にとって気持ちが良いのは、やはり「すみません」より「あり

がとうございます」のほうです。

　普段から、「ありがとう」に言い換えられる言葉は、全部言い換えるようにします。意識して「ありがとう」を使っていると、外出先でも、職場でも、家庭でも、「ありがとう」の量が自然と増えてきます。

「ありがとう」を意識して使う

　あまり頻繁に「ありがとう」という言葉を使っていると、感謝の安売りにならないかと心配する人もいるかもしれません。しかし、そのようなことはありません。自分が何げなくやった行為に対して、「ありがとう」「ありがとうございます」と言われたときのことを考えてください。その言葉には、「何かをやった」という事実があります。小さな何気ない事実に対して感謝の言葉をかけられて、嫌な気持ちになるはずがありません。

　今の日本では、「ほめる」こともそうですが、「ありがとう」などの**感謝の言葉を伝えることが圧倒的に不足しています**。何かをしたことに対して、「ありがとう」を言われることは、多少の照れはあるかもしれませんが、大変嬉しいはずです。感謝の言葉を言ってくれた人に対して、「いい人だな」と思うのではないでしょうか。

　「ありがとう」は魔法の言葉です。言われた人は嬉しくなり、言った人も幸せな気持ちになります。普段は「すみません」と言うようなとき、意識して「ありがとう」と言い換えてみましょう。そのひと言が、何かをしてくれた相手の気持ちを幸せにします。さらに、そばにいた人も、「ありがとう」という言葉を聞いて、「この人、いい人だなあ」という印象を受けるのです。

　人間は**過去を変えることはできませんが、1秒先の自分を変える**ことはできるのです。意識して、「すみません」と言いそうになる自分を、「ありがとう」と言う自分に変えていきましょう。

私は、どのようなときでも、とにかく「ありがとう」と言おうと決めています。会話でも、メールでも、手紙でも、締めの言葉は必ず「ありがとうございました」です。たとえクレームへの対応であっても、「ありがとうございます」で終わります。ときどき、相手から「何で、『ありがとう』なんですか」と不思議がられることもありますが、何でも「ありがとう」で終わると決めているのです。

　人は、どのような言葉を使うかで、ずいぶんと考え方も変わり、ふとした行動や習慣まで変わってきます。後ろ向きな言葉ばかりを使っていると、なかなか前に踏み出せなくなりますが、どんなに厳しいときにも**前向きな明るい言葉を使っていれば、思い切って前進することができます**。たとえば、「疲れた」や「忙しい」という言葉を使わないと決めている人もいます。

　私の場合は、「すみません」よりは「ありがとう」と言うのが好きで、どんなときでも「ありがとう」で締めくくるようにしています。

❖「ありがとう」は「ありがとう」を引き寄せる

　お金をたくさん持っている人は、それだけでも尊敬されるかもしれません。「ありがとう」をたくさん持っている人も、やはり尊敬を受けます。なぜなら、「ありがとう」をたくさん持っている「感謝の億万長者」は、幸せの量が大きいと周囲が感じるためです。そして、感謝の億万長者のところには、自然と感謝が集まってきます。同様に、**価値発見の達人のところには、価値がさらに集まってきます**。

　たくさんの「ありがとう」を口にする人のところには、たくさんの「ありがとう」が集まります。まずは、恥ずかしがらず、勇気を持って「ありがとう」をたくさん使ってみることです。変化はすぐには起きませんが、自分の職場や家庭には、やがてたくさんの「ありがとう」があふれ出します。

6 「3S」を口癖にしよう

「ほめ癖」がつき、「ほめる」ことがやめられなくなる

❖ 正しいほめ方には「事実」が含まれている

　第1部・第2部でも紹介してきましたが、「ほめる」ことは、人、モノ、出来事の価値を発見して伝えることです。

　人をほめるときは、相手の細かいところまで見て、相手をよく知り、ときには相手自身さえ気づいていない価値に気づき、相手にその素晴らしさを伝えることです。

　人にはたくさんの価値が隠れています。しかし、隠れた価値は、見ようとしなければ見えず、気づこうとしなければ気づかないのです。たとえば、何か問題が起きていたとしても、人の反応は次の3つに分かれます。

・A：問題があることにさえ気づかない人
・B：問題には気づくけれども、問題を解決しようとはしない人＝見て見ぬ振りをする人
・C：問題に気づいて、問題を何とかして解決しようとする人

　「ほめる」ことも同じことです。ほめるに値する価値は皆にあり、周りにたくさん存在しているのです。しかし、その価値にまったく気づかない人もいれば、価値には気づいても、そこから「ほめる」ことには向かわない人もいます。そして、価値に気づき、その価値を伝えようとする人もいます。この違いは、**人としてどう生きるかという選択**でもあります。

「価値なんかないよ。気づかなくてもいいよ」と考える生き方をするか、「価値はあるよ。それは本人も気づいていないけれど、……というところだよ」と考える生き方をするかという選択です。

「ほめ達」になることを選択した人は、まずは、Bの「気づく人」＝「価値を発見できる人」になる必要があります。そしてさらに、Cの「気づいたことを何とかしようとする人」＝「価値を伝えようとする人」にならなければなりません。

しかし、決して難しい選択ではありません。ほんの少し見る角度を変えるだけで価値は見えるようになり、何気なく見過ごしてしまっていた「小さな事実」が価値あるものとして見えるようになってきます。

一歩踏み出すためには、覚悟と実践が必要です。

価値は必ず隠れていると信じ、いくつかの言葉を習慣にします。そして、「ほめる」姿勢や「ほめる」態度を習慣として続けていくと、**「ほめる」ことはやがて「ほめ癖」に変わります。**

さらに続けていると、何を見てもほめずにはいられなくなり、特別に意識しなくても価値に気づき、価値を伝えられる人＝「ほめ達」になることができるのです。また、「ほめ達」になることで、周りの人と価値を高め合っていけるようにもなります。

「ほめ達」になる口癖

「ほめ達」になるために、皆さんにお勧めしたいのが口癖を持つということです。まずは、次の3つの言葉を口癖にしてみましょう。

① **すごい**
② **さすが**
③ **素晴らしい**

「ほめ達」は、これを「3S」と名付けて口癖にしています。女性

の場合は、「素敵」を加えて「4S」にしてもいいでしょう。

　第1部❀3や第2部❀1で述べたとおり、人間の脳は大変な怠け者です。放っておくと、「考える」ことをやめて、すぐに省エネ運転をしてしまいます。そして、集中したり、創造したりすることをやめて、前例や習慣で動こうとします。

　脳は放っておくと、ほめるよりもけなすほうに働きがちです。プラスを見るのではなく、見つけやすいマイナスに目が行くのです。そうならないためには、「3S」を口癖にして、何かを見たとき、何かを聞いたときなどに使うようにします。

　「ほめる」ことは、創造することです。まずは、「すごいですね」「さすがです」「いやあ、素晴らしい」と口にします。すると、怠け癖のある脳にスイッチが入り、「何がすごいのか」「何がさすがなのか」「何が素晴らしいのか」という理由を一生懸命探すようになります。たとえば、会った瞬間に「素敵」のSでネクタイを「ほめる」とします。会話は、次のように進みます。

....

A：『素敵なネクタイですね』
B：『そうかな』
A：『そのオレンジ色がお顔の色に合っています』
B：『そうかなあ。ちょっと派手な感じもするんだけどね』
A：『いやいや、素晴らしいセンスですよ』
B：『そうか。嬉しいね』

....

　このように、「素敵」「すごい」「さすが」「素晴らしい」を口にすれば、脳は自然と理由を探します。どこをどうやってほめようかとあれこれ考えるのではなく、まず、「素敵」「すごい」「さすが」「素晴らしい」と言ってしまいましょう。この覚悟と実践が「ほめる」ことの第一歩なのです。

❖「ほめ達！値」で相手の心の扉を開く力を手に入れる

　「ほめ達」は、**「観察力×変換力×伝える力」**を「ほめ達！値」と呼んでいます。「ほめ達！値」とは、相手の心の扉を開く力の指標となります。「ほめ達！値」の構成要素それぞれを磨くことが大切です。

　観察力では、まず、相手の違いに着目します。一人として同じ人はいません。服装、小物（靴、時計、色遣いなど）を観察します。観察した結果が「違和感」であってもいいのです。次の要素の変換力で、プラスの違いとして活かせます。

　変換力でマイナスもプラスに変換します。トレーニングと経験で、変換力はどんどん上がります。変換できないものはありません。怠け癖がある脳に命令していないだけなのです。

　伝える力のポイントは、人が何気なくやることを「何気なくやらない」ことです。面談時は、笑顔のスイッチを入れましょう。笑顔は、「するもの」です。相手が笑顔になるまで、自分から「笑顔」をします。メッセージを伝えるときは、ツールを使います。誕生日には、花カード、バースデーコールなどが使えます。また、「小物に語らせる」という方法があります。自分のトレードマークとなるアクセサリーを身に付けることで、何を主張したいかが相手に伝わります。

　以上のような「ほめ達！値」は、次のように使えます。

・「ほめ達！値」＋提案　　　＝　営業力アップ
・「ほめ達！値」＋アドバイス　＝　指導力アップ

　さらに、「感謝」または「他者への貢献」を加算すると、「ほめ達！値」は飛躍的に上がり、相手の心に深く残ります。相手に伝わるのは、伝えたことではなく、「伝わったこと」だけということを意識してください。

7 「3S＋1」を活用しよう

「そうくるか」は違いを楽しむ言葉

❖ アドバイスは「惜しい」から

　❀6で述べたとおり、「3S」は、まずほめて次に理由を考える口癖です。しかし、場合によっては「3S」が使いにくいこともあります。たとえば、部下の企画書が、直すべき点がたくさんあり、ほめるどころか、むしろ叱るべきとも思える場合です。

　この場合、それでも「叱る」のではなく、次の言葉を使いましょう。
「惜しいなあ」
　「惜しい」と言われると、相手は「何だろう」と思うはずです。そして、心を全開にしてその後の言葉を聞こうとします。

　たいていの人は、「惜しい」の後には好意的なアドバイスが続くと思っています。このため、「惜しい」と言われれば、「ほとんどは大丈夫だけど、あとちょっとのところを何とかすればいいんだな」と考えます。そして、「あとちょっと」とは何か、期待を持って聞こうとするのです。

　たとえば、次のように会話が進みます。

A：『スーツがピシっとしていて、姿勢もいいのに。惜しいなあ』
B：『何がですか』
A：『あと、ネクタイをもうちょっと明るい色にしたら、完璧です』
B：『そうなんですか！　家にオレンジ色のネクタイがあるんですよ。

明日からそうします』

　せっかくのアドバイスも、相手に聞く気持ちがなければ伝わりません。「惜しい」から入れば、相手は「あとちょっと」のアドバイスを真剣に聞こうとします。一方、次のような言い方をしたとしたら、相手はどう思うでしょうか。
　「ネクタイの色が暗いから印象が全部悪くなっているんですよ。もっと明るい色にしなくちゃ、スーツが台なしですよ」
　言っていることは、実際には同じです。しかし、「暗い」「悪い」と否定の言葉から入るのと、「惜しい」から入るのとでは、相手の受け止め方はまるで違ってきます。
　さらに最悪なアドバイスの仕方に「ついで叱り」があります。「どうせアドバイスするなら、ついでに全部言っておこう」というものです。次のような言い方になります。
　「ネクタイの色が暗いから印象が全部悪くなっているんですよ。あと、早口すぎますよ。関西弁も何とかならないですかね。それから、前々から思っていたことですが…」
　このように「ついで叱り」が続いては、ネクタイを明るい色にすることなど、どうでもよくなってきます。アドバイスをしている人は親切のつもりかもしれませんが、相手は「アドバイスをしてもらっている」とは感じず、恐らく「叱られている」と感じるはずです。そして心を閉ざしてしまい、どれほどありがたいアドバイスであっても、聞き入れることはありません。
　家庭でも、子どもに対する自分の言い方などに「ついで叱り」が思い当たることはありませんか。

相手を見ていることで「惜しい」が言える

「惜しい」から入るためには、**「いいところ」を探しておくこと**が必要です。まず、「ここはいいね」「ここはがんばっているね」という内容があってこそ、「惜しい」が生きるのです。

ところが、たいていの親や上司は、最初に根本の否定から入って、「今回の場合も」と続けるため、子どもや部下はその後を聞きたくなくなるのです。そうではなく、次のように「惜しい」から入った言い方をしてみましょう。

「本当に良くがんばって、自分なりに一所懸命、勉強していたよね。あと、惜しいのがね…」

このように展開すれば、がんばりを認めたうえでのアドバイスですから、子どもも、親は自分を認めてくれている、味方になってくれると感じるはずです。

子どもが親の言葉にひたすら叱られている気持ちになっては、そこに込めたはずのアドバイスは、子どもにはほとんど伝わりません。

「惜しい」と「残念」は違う

「惜しい」は、アドバイスを伝えるときに使える言葉です。それでは、「残念」という言葉はどうでしょうか。

「惜しい」と「残念」は似ているように思えます。しかし、「残念だなあ」と言われると、本当に残念な気持ちになり、その先に救いの言葉があるようには思えません。

「惜しい」という言葉は、確実に、いい部分や認められている部分があると思えます。8割くらいはうまくいっていると考えてよいと思え、「惜しい」と言われたところを何とかしようという前向きな気持ちになることができます。

実は8割くらい間違っていても、「惜しい」のひと言があれば、何とかうまくいっている2割についてもっとがんばる元気が出てきます。大切なのは、課題を解決しようという勇気を持てることなのです。このように、最初のひと言が非常に大きな違いを生みます。
　まずは、**「いいね」と言い、「惜しい」と言ってからアドバイスをする**習慣をつけることです。「いいね」や「惜しい」は、皆のがんばりを引き出し、周りを明るくします。一方、「こんなもの」や「残念」、あるいはダメ出しの言葉は、周りからやる気と元気を失せさせ、アイデアも出しにくくします。
　直してもらいたいところがたくさんある場合も、いきなり問題点を指摘するのではなく、些細なことでもいいところを認め、そのうえで「惜しい」と言うことです。ほめたうえでの「惜しい」には、人の心を開かせる力があります。
　何かを指摘したいとき、アドバイスをしたいときには、「惜しい」を口癖にしましょう。「惜しい」によってアドバイスが相手に届き、相手の力を引き出す支えとなるはずです。

3Sのプラス1は「そうくるか」

　相手の言葉に対して「そうくるか」と感じるのは、相手が自分にない発想を出してきたときです。つまり、「そうくるか」と伝えることで、相手はこちらが持っていないものを持っているという自信を得ます。
　もちろん、すでに他者に認められ、自信も持っている人に対しては、「そうくるか」と言っても全面的にほめている感じにはなりません。しかし、こちらが相手を認めていることは伝わるため、よい言葉が続くニュアンスは感じさせられます。こちらには、「そうくるか」と言った後で何を言うべきかを考える猶予ができます。

8 「ほめ達」は驚くほど成長する人

「ほめ達」は感謝の気持ちと真摯な態度で話を聞いて学ぶ

「ほめ達」はプレゼンテーションの達人

　「ほめ達」式のプレゼンテーションでは、「話す」「伝える」だけでなく、「聞く」ことも表現であると捉えます。そして、「聞き上手」こそが「ほめ達」である人です。こう言うと、「聞く」ときにどうやってプレゼンテーションをするのだろうと思うことでしょう。

　実際の生活において、話す側と聞く側のどちらに回ることが多いかというと、**私たちは聞く側に回ることが多い**ものです。特に、相手が目上の人や好きな人の場合、自分が一方的に話すよりは、相手の話に耳を傾けることのほうが多いはずです。

　聞く人がどのような態度で場に臨んでいるか、どのような姿勢で話を聞いているかは相手に敏感に伝わります。その様子を見て、**相手は「この人は真剣に話を聞いてくれる」と感じ、「この人は信頼に値する」という評価をする**ことになるのです。

成長を止めるのは自分の意識

　日常の会話でも仕事の商談でも、一方的に話すのではなく、相手に話してもらわないとうまくいきません。話し合いだけでは理解するのは難しく、聞き合い、特に、相手の話をしっかりと聞くことで、お互いを理解し合えます。

話を聞くときに気をつけるべき点として、次の3つがあります。

① 「知っているか」「知らないか」で聞かないこと

　話を聞いているときに、「この話、聞いたことがある。知っている」と思った瞬間、頭にシャッターが下りてきます。そこで学びは終わり、成長も終わります。

　これではせっかくの情報が集まらなくなり、コミュニケーションも不能に陥ってしまいます。周囲の人は、必要な情報や欲しい情報だけを持って来てくれるわけではありません。貴重な情報は、「知っている」「無駄だ」と感じる話を我慢して聞いて、はじめてたどり着くことができるのです。

　話を聞くときは、「知っている」「知らないか」で判断せず、たくさんの無駄を集めることが必要です。たとえすでに知っている情報であっても、それを聞かせてくれた周囲の人に「ありがとう」と言うくらいがいいのです。

　聞く力には、**辛抱する力、我慢する力**、そして、知っている情報にさえも「ありがとう」と言える**感謝する気持ち**が必要なのです。人は、気持ちよく話を聞いてくれる人のところに情報を持って来てくれるのです。

② 「やっているか」「できているか」を念頭に置いて聞くこと

　①で述べたとおり、知っているから聞く必要がないのかというと、そうではありません。さらに自分に、次のように問いかけてみてください。

　「この話、確かに前に聞いたことがある。そして、役に立つとも思った。でも、それを自分はやっているだろうか」

　この「やっているか」「できているか」が重要です。

　「知っている」と「やっている」の間には、非常に大きな差があり

ます。現在のようにたくさんの情報があふれ、どのような情報でもインターネットを通じて瞬時に手に入る時代、「知っている」にはそれほど意味はありません。なぜなら、「知っている」人は大勢いるからです。しかし「できている」人はどのくらいいるのでしょうか。

たとえば、組織のなかで新しいことを実行しようとすれば、周囲からのたくさんの抵抗にぶつかります。自分個人のことでもそうです。何か新しいことを実行するためには、何かを捨てるとか、始めるための強い意思が欠かせません。その結果、やり方を知っていて、やったほうがいいとわかっていても、つい、実行を先延ばしにしたり、実行しないままに終わっていることが大変多いのです。

ですから、話を聞いていて、「知っている」情報に出会ったら、まずは次のように考えることです。

「自分はできているかな。この話が今また自分の目の前に出てきたということは、『今やったらすごく効果があるよ、今こそやるタイミングだよ』と教えてくれてるんじゃないか」

このような態度で話を聞くことができれば、たとえ「知っている」情報であっても、伝えてくれた相手に対して「いいタイミングで教えてくれて、ありがとう」と言えます。

話を聞くときに大切なのは、「やっているか」「できているか」なのです。こうした真摯な態度で話を聞く人のところには、人が集まり、情報が集まってきます。人は、どれだけたくさんのことを知っているかを誇るよりも、**自分のためにどれだけたくさんのことを教えてくれる人がいるか**のほうを誇るべきなのです。

③ **「自分に関係があるか」「自分に関係がないか」で聞かないこと**

人は自分とはかけ離れた出来事には興味がわきません。他人のエピソードについても「確かに素晴らしいけれど、私には関係ない」と思うと、話を聞かなくなります。人は自分に関係のないことは興

味が持てず、興味がないことには、何を聞いても「それは自分に関係ない」あるいは「自分のためにならない」と聞き流します。

　セミナーなども、ひとたび関係がないと感じるとまったく話が耳に入らなくなります。しかし、自分に関係のある話が出てくれば、背筋を伸ばし、講師の目をまっすぐに見て、メモをとり出したりもします。

　自分や周囲にとって役立つ情報が見つかる機会かもしれません。すぐに「自分に関係がない」とシャッターを下ろさず、相手の話に耳を傾けましょう。

　「ほめ達」になるためには、感謝の気持ちで話を聞くことと、真摯な態度で話を聞くことが重要なのです。

1年5,000万回の「真実の瞬間」を笑顔でするか不満顔でするかが組織の命運を左右する

　1980年代、スカンジナビア航空の最高経営責任者に就任し、経営難からの再建を果たしたヤン・カールソンが大切にしたのは、5,000万回の「真実の瞬間」でした。

　当時、スカンジナビア航空の利用者は年間で約1,000万人でした。利用者それぞれには平均5人の社員が応対し、1回の応対にかかる時間は平均15秒でした。

　カールソンは、1回15秒で1年5,000万回、利用者が出会う応対の良し悪しこそが、会社への評価を決め、そこで良い評価を得ることができて初めて成功すると考えたのです。

　5,000万回の真実の瞬間に利用者が満足すれば、会社は成功するのです。一方、「何だよ」と思うような対応をすれば、利用者は2度と会社を使ってくれません。カールソンは、わずか15秒の積み重ねこそが会社の命運を左右すると考え、その考えを全社員に徹底しました。そして、全社員が15秒の応対を大切にしたことがスカンジナビア航空の再建につながったのです。

9 「３D」を封印しよう

無意識の意識化がたくさんの情報やアドバイスを集める

❖「でも」「どうせ」「だって」を口にすると脳が眠る

　「ほめ達」になるために、皆さんにお勧めしたいのが次の３つの言葉（３D）を反射的に言わないようにすることです。あるいは、反射的に頭に浮かべるのをやめることです。

①**でも**　　→「でも、この景気では」
②**どうせ**　→「どうせ、この地域では」
③**だって**　→「だって、うちの業界では」

　こうした３つの言葉を封印するだけで、人は成長できるのです。
　今から20年以上前のことですが、私が妻と結婚する前、遠距離恋愛をしていたときのことです。電話で彼女が仕事の愚痴をこぼし、それに対して私がアドバイスをすると、必ず「だって」が返ってくるのです。
　そこで、「次に『だって』と『でも』を言ったら、すぐに電話を切るから」と宣言しました。そして、ある日、彼女が「だって」と言った瞬間、本当に電話を切ってしまいました。
　数週間後、電話をしてみると、やはり彼女の愚痴となり、それに対して私がアドバイスをしました。すると、電話の向こうから次の言葉が聞こえました。
　「…、…、…、しかし」
　これには大笑いしました。

その後も彼女の「だって」「でも」は完全にゼロにはなりませんでしたが、量は減りました。不思議なことに「だって」「でも」が減るに従って、彼女はとても素敵な女性になり、彼女の友人関係も変わっていきました。彼女はそれまで、「３Ｄ」の世界に生きていましたが、以来、「３Ｄ」をあまり口にしない人たちの世界へと移住していったのです。

使わない言葉を決めて実行する

　「使う言葉を変えたぐらいで何が変わるのか」と思う人もいるかもしれません。しかし私たちは、１日に何回も口にしている言葉＝「**口癖**」**を、ほんの少し前向きなものや、ほんの少し明るいものに変えていくだけで、自分の未来を変えていくことができる**のです。
　人の話を聞くときには、「でも」「どうせ」「だって」は使わないことです。「３Ｄ」を使わないと決めて実行するだけで、相手はこれまでよりも真剣に話をしてくれるようになり、自分にはたくさんの情報やアドバイスが集まるようになるのです。**無意識の意識化の効果は絶大**です。
　「無理」「できない」「むかつく」「もう嫌だ」…。こうしたマイナスの言葉は使わないと決めて、プラスに言い換えをしましょう。
　ある会社では、電話応対や退社時の挨拶で「お疲れ様です」と言うところを、必ず「わくわく様です」と言うことにしているそうです。残業中などに先に帰って行く人から「お疲れ様」と言われると、本当に疲れた気がします。しかし、「わくわく様」と言われると楽しい気分になります。また、皆が「今日も１日、わくわくしたね」と確かめ合っている感じもするのです。

10 話の聞き方の「8つのポイント」

相手に感動を与えたければ、「話を聞く達人」を目指す

出会った人を味方につける8つのポイント

「ほめ達」は、「8つのポイント」を押さえて話を聞きます。話を聞く姿勢や態度によって、相手を認め、良い気持ちにさせることもできるのです。

次の8つをしっかり実行できれば、相手から「この人ってすごい」と思われます。また相手も、「この人に話を聞いてもらって良かった」と感じるはずです。

① 目を見る
② うなずく
③ 相づちを打つ
④ 繰り返す
⑤ メモをとる
⑥ 要約する
⑦ 質問する
⑧ 感情を込める

普通の人は、この「8つのポイント」を、目上の人、尊敬する人、大好きな人には一生懸命していますが、自分より若い人、目下の人にはあまりしません。しかし、本当の意味で人間力の高い人は、いつでも、どこでも、誰にでも、「8つのポイント」を押さえて話を聞きます。

人は話の聞き方一つで、相手を最高の気持ちにすることができるのです。「ほめる」のも同じことで、伝える言葉だけでなく、聞くときの姿勢や態度でも「ほめる」ことができます。

メモをとる姿が聞いていることを伝える

　「8つのポイント」のなかでも特にお勧めしたいのが、⑤のメモをとることです。
　これには大変な効果があります。誰かのアイデアを聞くときに、ふんふんとうなずくだけでなく、「ちょっと待って、メモを取っていいかな」と言うのです。相手が若く、目下であればあるほど、「私の話をこんなに真剣に聞いて、メモまでしてくれる。これからはもっとがんばってアイデアを考えよう」と感激します。
　実際にメモをとるという姿を見せることが大切で、その姿だけでも相手は感激します。さらに、「すごくおもしろいね。基本的な考えはいいんだけど、あと、ひとひねりかな。惜しいなあ」といった言葉が加われば、相手は喜んで「もっといいアイデア」を考えようとするはずです。
　反対に、若い人がアイデアを持ってきたときに、「今、忙しいんだから、後にしてよ」と追い返したり、何か別の作業で手がふさがっていたとしたらどうでしょう。いかにも片手間で、話を聞く気持ちなど微塵もないように感じます。
　年齢が上がり、立場が上がれば、確かに忙しくなります。忙しいのに、誰もが思いつきそうなアイデアなど聞いている暇はないと考えるでしょう。でも、それでは若い人や目下の人は誰も頭を使わなくなり、アイデアを持ってこなくなります。
　トヨタ自動車で新しく管理職となった人には、次のような指示がされるといいます。

「部下が提案書を持って来たら手を止めて話を聞け。時間がなければ、いつなら話を聞けるかをその場で決めろ」

つまり、部下の話を聞くときには、「片手間」ではなく、きちんと「手を止めて」聞きなさいということです。そして、本当に今は時間がとれなければ、次の約束をすればいいのです。

手を止めて話を聞き、うなずくなどの反応をし、さらにメモを取ることで、話の聞き方は完璧になります。相手はしっかりと話を聞いてくれる姿勢と、自分のためにわざわざ時間を取ってくれたことに感激します。次の約束をした場合は、そのときまでにもっと良いアイデアを考えようと努力してくれるはずです。

本心が伝わるのは聞く姿

「聞く」という行為は受け身のように思えて、実際には相手に非常に強い印象を与えることができる積極的な行為でもあるのです。

研修会や講演会でつまらなさそうに聞く人もいれば、メモをとりながら聞く人もいます。2人きりで会話をしているときにも、スマートフォンをいじりながら聞く人もいれば、相手の目を見て聞く人もいます。話をする側にとって、どちらに好感を持てるか、どちらにより一生懸命に話をしようとするかははっきりしています。

「話をする達人」になりたいと考える人は多いものです。確かに、話をする技術を磨くことも必要でしょうが、相手に感動を与えたいのなら、「話を聞く達人」になればいいのです。相手を笑顔にするためには、こちらが全力の笑顔をすればいいように、相手を楽しい気持ちにするためには、**相手の話を全力で聞いて、全力で反応すればいい**のです。

相手が全力で話を聞いてくれているとわかれば、話をしている人は一生懸命になります。また、話をすることで大きな満足感を得ま

す。そして、心の底から「この人に話を聞いてもらって良かった」と感じるのです。

　会話が続かない、自分のところには良いアイデアが集まらないという悩みがある人は、話す力を磨く以前に、聞く力を磨くことです。話をすることで幸せな気分になると感じたら、相手は積極的に話をしてくれ、いいアイデアを持って来てくれるようになります。

　話を聞くときには全力の聞き方を心がけましょう。全力の聞き方が、相手に「ほめる」と同じ効果を与えるのです。

> ### 「3S」の効果を高める使い方
> 　「3S」の効果を高めるためには、**ささやくように、あるいはつぶやくように言う**といいでしょう。
> 　たとえば、部下が企画書を持ってきたとき、部下に聞こえるか聞こえないかぐらいの声で「すごい」と言うのです。すると、部下は、一瞬、「おや」と思い、次のように考えます。
> 　「今、上司は、すごいって言ったよな…」
> 　そして、心から「やったあ」という気持ちになります。
> 　これは、大きな声で「すごい」と言うのに比べて、はるかに大きな効果を発揮します。なぜなら、人は本当にすごいもの、さすがと思うもの、素晴らしいと感じるものに出会ったとき、大声で「すごい」「さすが」「素晴らしい」と言うのではなく、むしろ言葉を失います。絞り出すように、「すごい」「さすが」「素晴らしい」と言うのが精一杯なのです。部下の企画書を見た後、顔を上げて大きな声で「すごい」と言うのではなく、企画の素晴らしさに一瞬、声を失ったかのように、ささやくように「すごい」と言うのです。
> 　「3S」を口癖にして、さらに、**時間・場所・場合（TPO）に応じて声のトーンなどを変える**ことができるようになれば、「ほめる」ことは苦にならず、楽しいことに変わっていくのです。「ほめ癖」がつくと、「ほめる」ことがやめられなくなります。「ほめる」ことがやめられなくなると、たくさんのいいことが起きてきます。

11 質問に対して「ありがとう」を

心のこもったプレゼントは、笑顔で受け取ることが最高のお返し

❖ 情報が集まることに感謝する

　いいアイデアを集めるためには、知っている情報を持ってきた人にさえ「ありがとう」と言うことが必要であることは、❀8で述べたとおりです。

　いいアイデアを得るためには、**たくさんの一見無駄と思える情報が必要**です。相手がたいしたこともない情報を持ってきたとしても、つまらないと思うのではなく、「ありがとう」を返すというたくさんの積み重ねがあって、初めて良いアイデアが集まって来て、知恵のある人が集まってくるのです。この「ありがとう」は、質問やクレームに対しても有効です。

　講演の最後に質問を受けることはよくあります。あるいは、プレゼンテーションの際にも質問を受ける場合があると思います。

　このときに使うと効果的なのが次の言葉です。

　「いい質問ですね。ありがとうございます」

　時事ニュースの解説で著名な池上彰さんも、テレビ番組の中で、タレントからの質問に対し、待っていましたとばかりに「いい質問ですね」と答えます。すると、いい質問だと言われたタレントは、一様ににこやかになります。

　たとえ質問内容がどのようなものでも、いかにも待っていたかのように言うと、質問した人は「いい質問したかな」と感じて、大変

気分が良くなります。それにもまして講演を聞いている人たちも、「この人は質問に対してちゃんと準備ができている。経験豊富だな」と感じるのです。

　質問に驚いて、「うーん」と困った顔をすると、「この人は経験不足だな」となりますが、「いい質問ですね。ありがとうございます」と余裕を持って受ければ、質問した人もいい気持ちになり、聞いている人も何となく楽しくなるものです。また、質問に答える側も、ちょっと余裕を持って答えを頭の中で考えることができます。

　さらに、聞き方の上級者になると、質問に答えたあと、「この質問から皆さんもこういう気づきを得ましたね。本当に素晴らしい質問でした」と質問者に伝えることで、質問者は皆から拍手を送られ、会場全体を幸せな気分にすることができます。

　このように、講演やプレゼンテーションの終わりをハッピーエンドにすることで皆が幸せになれ、幸せにした人も皆に好印象を残すことができるのです。

聞きたくない言葉にも感謝する

　質問に対して「ありがとう」を返すように、クレームに対しても「ありがとう」の気持ちで話を聞くことで、クレーム客をリピーター客にすることができます。

　クレームを言われるのは、誰だって嫌なものです。でも、そのクレームを「改善のヒント」と前向きに捉えれば、どのようなクレームに対しても、「いいヒントをいただきました。ありがとうございます」と返すことができるはずです。

　人は、聞くことによっても、あるいは質問やクレームに耳を傾けることによっても、相手を「ほめる」ことができます。たとえば、「さすがのご指摘ですね。勉強になりました」と言うことができます。

「ほめ達」にとって、「ほめる」ことはもちろん大切ですが、「ほめる」達人になるためにも「聞く」達人になりましょう。そして、話をしてくれる人に対して、いつも「ありがとう」の気持ちを忘れないことです。

「ありがとう」は誰にでも使える言葉

　「ほめる」ことが苦手な人がいるだけでなく、なぜか「ほめられる」ことを苦手とする人も多くいます。
　私は、講演終了後の懇親会などで、次のように聞かれたことがあります。
　「ほめることは何とかできるのですが、ほめられるとどうも困るんですよ。照れくさいというか、何と答えていいかわからなくなるというか」
　「どうもほめられることが苦手なのですが、何かいい方法はありませんか」
　実は私も、面と向かってほめられると、つい「いえいえ、滅相もない」と返してしまうことがよくあります。
　謙遜といえばよく聞こえますが、ほめた人にとって「いえいえ、滅相もない」という返事は不本意ではないでしょうか。
　歯の浮くようなお世辞に対してならともかく、本心からのほめ言葉に対して適切に応えられないというのは、「ほめ達」としては反省が必要です。
　それでは、ほめられたときに返す言葉として最も適切なものは何なのでしょうか。
　それはまさに、「ありがとうございます」です。
　さらに、余裕があるときには、「正直な方(かた)ですよね」と笑いながら続けるといいでしょう。相手も思わずこちらに引き込まれ、笑顔が

広がります。

　ほめ言葉をもらうということは、相手から心のこもったプレゼントをもらうようなものです。

　謙譲を美徳とする日本人は、ほめられることに対してどこか照れを感じるのでしょう。ほめられると、「いえいえ、私なんかまだまだです」といった遠慮や謙遜がすぐに出ます。しかし私は、ここでの遠慮や謙遜は、せっかくほめてくれた人に対してプレゼントを突き返すようなものだと考えています。

　相手は、ほめる前には「どんなほめ言葉がいいか」「どんなタイミングでほめればいいか」などとあれこれ考えて、もしかしたら大変な勇気を出してほめてくれたのかもしれません。

　そのようなほめ言葉に対して「いえいえ、滅相もない」と遠慮するのは、せっかくのプレゼントを「受け取るわけにはいきません」と突き返すようなものです。それよりはにっこり笑って、**「ありがとうございます」と答えることこそが、ほめ言葉への最高のお返し**といえるのです。

「ありがとう」は自分に返ってくる

　誰かをほめること、ほめ言葉を口にすることは、言葉を送る人の心も豊かにします。つまり、**他者へのほめ言葉は、自分への癒しともなる**のです。

　質問やクレームには「ありがとうございます」と答えることで、改善のヒントになります。ほめ言葉には「ありがとうございます」と答えることで、自分だけでなく相手の心も豊かにします。

　質問やクレームを受けたときも、ほめられたときも、いつも明るい声で「ありがとうございます」と受け取りましょう。そのひと言が自分を育て、そして相手の心も豊かにするのです。

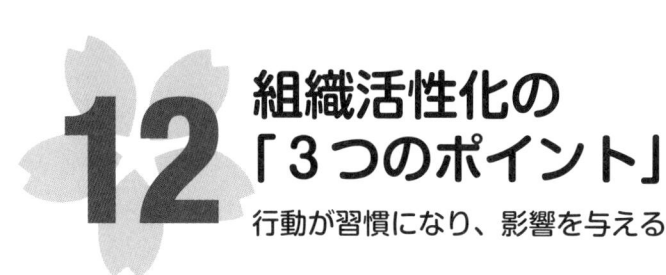

12 組織活性化の「3つのポイント」
行動が習慣になり、影響を与える

「ほめ達」リーダーの役割

「ほめ達」は、相手に価値を伝える役割があり、相手にプラスの影響を与える人です。この影響力から、リーダー役を任せられる機会も多いのです。そこで、「ほめ達」としてのリーダーシップを発揮できるよう、組織のために何ができるか、組織を活性化させるために何をすべきかを考えてみましょう。

「ほめ達」のリーダーとしての役割は、第2部✿6もあわせて参照してください。

組織活性化の「拍手」「うなづき」「笑顔」

人間関係の円滑化や組織の活性化のためには、次の3つが有効です。
①**全力の拍手をする**
②**うなずく**
③**話を笑顔で聞く**
それでは、3つの使い方を説明します。

①**全力の拍手をする**
まず1つ目は拍手です。拍手は「全力の拍手」を心がけましょう。

全力の拍手というのは、指の骨が折れるのではないかというぐらいに気合を入れた拍手のことです。全力の拍手は、相手を最高に幸せにします。
　さらに全力の拍手は、相手を幸せにするだけでなく、拍手をする人自身も幸せな気持ちにしてくれます。そして、目の前の人に対してプラスの印象を持ちやすくしてくれます。
　話し合いなどをするときには、最初に「全力の拍手」をルールとして取り入れると、場が活性化され、きっと素晴らしいアイデアが出てくるはずです。

②うなずく

　2つ目はうなずきです。
　1対1の会話でも、会議での話し合いでも、相手の反応がないことほど、話をする気がそがれることはありません。反対に、聞いている人が反応を示してくれることで、話をしている人は嬉しくなり、会話や話し合いにやりがいを感じます。そして、自然といつもより一生懸命に話をするようになります。
　会話が長続きするコツのようなものを知りたがる人がいますが、会話というのは、何も自分がたくさんのネタを持っている必要はないのです。相手の話に対してタイミングの良い「うなずき」ができさえすればよいのです。
　「うなずき」に対して相手は、「この人と話をしていると、普段はあまり話さないようなことでもどんどん話してしまう」と感じるはずです。
　聞き上手こそが会話の究極の達人なのです。

③話を笑顔で聞く

　3つ目は「笑顔」です。笑顔は脳を非常に活性化させます。

脳をコンピュータにたとえると、顔の表情筋はキーボードにたとえられます。

　表情筋への入力が悲しみであると、脳の活動は低下します。反対に表情筋への入力が喜びであると、脳の活動は全開になります。

　具体的な理由や事実がなくても、表情筋への入力が喜びや嬉しさにあふれていると、脳は全力で疾走を続け、その結果としていいアイデアがどんどん出てくるようになるのです。

　都合のいいことに、**脳は笑顔が、本当の心からの笑顔なのか、無理やりに出されたつくり笑顔なのか区別しません**。キーボードを指で叩こうが鉛筆で押そうが、入力された内容に何の違いもないように、たとえつくり笑顔でも、笑顔になりさえすれば、脳は全力疾走を開始します。

笑顔は習慣にするもの

　「うちの職場には笑顔がない」と嘆く人がいますが、そんなことを言っている人に限って笑顔がないものです。いつも不機嫌な顔をしている人がいて、かつ、その人が上司であったら、下で働いている人たちはどうやって笑顔を浮かべればいいのでしょうか。

　家庭であっても同様です。自分が不機嫌な顔をしていれば、一緒に暮らす人からも笑顔がなくなります。

　熱意は人から人に伝染しますが、**笑顔も人から人に伝染します**。自分が「全力の笑顔」を心がければ、相手も笑顔になり、笑顔が人から人へと伝わっていくのです。

　「笑顔がない」と嘆くなら、まず自分から笑顔になりましょう。自分の脳が活性化され、相手の笑顔も引き出すことができるようになります。笑顔いっぱいの職場や家庭は、まず自分の笑顔から生まれます。

全力の笑顔のトレーニング

「ほめ達」になるためのトレーニングの一つに、次のようなものがあります。これは、「話を笑顔で聞く」トレーニングでもあります。

....

まず、Ａさん・Ｂさん・Ｃさんの3人でグループを作ります。Ａさん・Ｂさん・Ｃさんには、次のような指示が出されます。

「Ａさんにミッションを与えます。Ｂさん、Ｃさんは、Ａさんの目を見て、ミッションが無事に完遂できるように優しく協力してあげてください」

「それではＡさん、ミッションです。今から15秒間、全力で笑顔をしてください」

すると、何が起きるのでしょうか。Ａさんの全力の笑顔を見守るＢさん・Ｃさんも、笑顔になっているのです。

....

人は笑顔に出会うと、笑顔になるのです。つまり、自分が笑顔でいると、素敵な笑顔に出会えるのです。

相手に笑顔がないのは、自分に笑顔がないからです。相手から拍手がないのは、自分が拍手をしないからです。相手の反応にうなずきがないのは、自分がうなずかないからです。そう考えて、まず自分が率先して実行することです。

「ほめる」も同じことです。ほめられたいのなら、まず自分がほめましょう。心がけて積み重ねていくことが、脳を「ほめ脳」に変え、そして、まるで癖であるかのように、どんなときでもほめる「ほめ癖」がつくことになるのです。

13 質問して「ほめる」

ほめられるのが苦手な人、ほめにくい人には質問を使う

◈「まずほめよ、理由はあとから考えよ」

　何度も述べてきたとおり、「ほめ達」の考える「ほめる」とは、**人やモノ、出来事の価値を発見して、その価値を伝える**ことです。これは創造的なことですから、どうしても脳は「ほめる」ことをやめて、「けなす」や「叱る」に向かおうとします。このような怠け癖のある脳をこき使うために効果があるのが、❀6で述べた「３Ｓ」です。

　誰かに会ったら、まずは「すごい」「さすが」「素晴らしい」(そして「素敵」)を反射的に言うことです。**「３Ｓ」を口にすることで怠け癖のある脳にスイッチが入り、「なぜ」という理由を必死に考える**ようになります。怠け癖のある脳を楽しくこき使うには、「まずほめよ、理由はあとから考えよ」を実践することです。

　ある指導者が「物事は『できない』から入ると、できない言い訳ばかりを探すようになるが、『できる』から入れば、あとは『どうすればできるか』だけを真剣に考えるようになる」と話していました。

　確かに、最初にどんな言葉を発するかで、その後の思考や行動は大きく変わってきます。

　難しい課題を前にして、「できません」というのは一番簡単な答えです。あとは「できない言い訳」を考えるだけでいいのですから、それ以上の行動は必要ありません。それに対して、「できます」と言うと、そこからは大変です。やり遂げるにはたくさんの困難があり、

「どうすればできるか」を真剣になって考えなければなりません。

しかし、「どうすればできるか」を真剣に考える習慣をつけておけば、少しぐらい難しい課題を与えられたとしても、自信を持って「できます。やらせてください」と言えるようになります。

「ほめる」も同じです。目につきやすい欠点ではなく、無理にでも良い点や価値を見つけようとする習慣をつけておくことです。人に会ったら、まず「すごい」「さすが」「素晴らしい」を口に出します。

これにより、脳はいつも全力で活動し、続けていると、いつの間にか「ほめる」は「ほめ癖」になり、脳も「ほめ脳」へと変わります。常に脳を「楽しく」こき使っていくことが大切なのです。

質問して「ほめる」方法

特に、年上の人に対して効果的なほめ方が、質問して「ほめる」方法です。もちろん、年齢の違いに関係なく使えます。たとえば、「どうしてそんなことができるんですか」という質問は、相手を認めていることになります。また、「若いとき、どんな本を読んでいらっしゃいましたか」と質問することで、相手は自分のことを知りたい、自分のことを参考にしたいと思われていると感じ、「自分のことを上に見てくれている」と受け止めます。

なお、ほめにくい人は、質問に対してネガティブな答えを返してきやすいので、ネガティブな答えもある程度想定しておくべきです。たとえば、「どんな本を読んでいらっしゃいましたか」という質問に「本なんか読んでない」という答えが返ってきたときは、「本を読んでいないのに、そんなことができるんですか」と切り返すのです。これにより、相手をさらに深く認めたことになります。

14 視野を広げる

「心の視野」を意識して広げると、見つかるチャンスの扉が増える

人間は見たいものが見えるもの

「ほめ達」セミナーでは、「ほめ達」になるためのトレーニングの一つとして、次の「だまし絵」を見てもらっています。

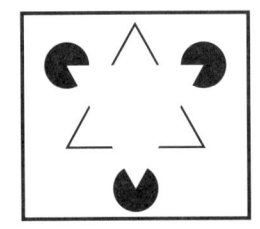

いずれも非常に有名な「だまし絵」(※)です。
（※）①：図と地の錯視で、「ルビンの盃」と呼ばれています。
（※）②：心理学者ボーリングが発表した多義図形で、「若い女性と老婆」と呼ばれています。
（※）③：心理学者カニッツァが発表した錯視図形で、「カニッツァの三角形」と呼ばれています。

　①は、花瓶だと思って見ていると、向かい合った２人の顔になります。あるいは、向かい合った２人の顔だと思って見ていると、花瓶になります。
　②は、あちらを向いた若い女性だと思って見ていたら、老婆の大きな顔になります。あるいは、老婆の大きな顔だと思って見ていると、あちらを向いた若い女性になります。
　③は、中央に三角形が見えます。しかし、実際に描かれているのは、一部が欠けた円とくさび形の線が３つずつです。本当は存在しない三角形が、なぜか３つの円と、逆さになった三角形の上に乗っているように感じられます。
　私たちは日常で、この「だまし絵」を見るのと同じことをしています。つまり、**私たちが見ている現実は、現実のほんの一部に過ぎない**といえるのです。見ている現実の陰に、存在するけれども見えていない「価値」がたくさん隠れているのです。
　ところが、私たちは、見えている現実だけがすべてであって、見えていないものは存在しないと錯覚しています。「だまし絵」を見て、「花瓶だ」「若い女性だ」とばかり思い続けていると、決して「２人の顔」や「老婆の顔」は見えてこないのです。見えていないけれど存在するとは、まったく思えないことでしょう。また、「三角形が描いてある」と思い込んで見ると、存在しない三角形を勝手に作り出してしまいます。
　このように、私たちは、たとえ現実を見ていても、その一部だけ

を見ているにすぎません。**脳は、見たいものしか認識しない**のです。

「ほめ達」は、「だまし絵」状態の物事や人に補助線を入れて、見えていないものを見える状態にして、説明してあげる役割をします。そうすると、**見えてはいないけれど確かにそこに存在する**ということが、相手にも理解できるようになってきます。

人間はマイナスを見るもの

人間は、**悪い現実ばかりを見る自己防衛反応**を備えています。

人は緊張したり興奮したりすると、手のひらや足の裏に汗をかきます。これは、太古の昔から人間が持っている「生存本能の名残」で、自己防衛的な反応です。木に登って逃げる場合には、枝をしっかり握れるように、地面を走って逃げる場合には、土をぐっと蹴れるように、武器を持って戦う場合には、武器をしっかり握れるように、手のひらや足の裏に汗をかくのです。

そしてこの自己防衛反応は、私たちの目の前、周りの人の欠点や、都合の悪い出来事、懸念材料を自動的に集めてしまいます。意識する・意識しない以前に、本能として自然とマイナス要因に目が行くようにできているのです。

「見えている現実が現実のすべてだと思ってしまう」

「生存本能からマイナス要因にばかり目が行く」

この2つの性質から、人は誰もがあら探しの名人になるのです。

なかでも責任感の強い親や経営者は、典型的な行動をとることになります。子どもを守りたい、会社を守らなければならないという本能から、子どもや社員の欠点や能力不足ばかりに自然と目が行くのです。確かに、今そこに見えている「欠点」や「能力不足」は事実ではあります。しかしその一方には、**もっと別の事実が隠れている**のです。

たとえば、机に向かっている子どもに「夕食ができたから食べなさい」と声をかけても、一向に振り返ろうとしないとします。多くの場合、無反応の子どもにイライラすることでしょう。そして、「この子はいつも自分の話を聞かない」と腹を立てます。しかし、その子どもは、本当に話をきかないのでしょうか。母親の声が耳に入らないくらい、今読んでいる本に集中しているのではないでしょうか。

　人はそれほどにマイナスばかりに目が行きます。そして、マイナスに目が行く結果、本来、目の前にあるはずの「見えない現実＝良い点、プラス面」を見ることができなくなるのです。

人間はマイナスを勝手に組み立てるもの

　私たちが日ごろ見ている視野は**実際よりも圧倒的に狭く、しかもマイナスのほうに狭まる**傾向があります。この「心の視野」は、放っておくとどんどん狭くなってしまいます。

　しかし、「ほめ達」は、**本能で狭まる心の視野を、自分で意識して広くしようとする人**です。今まで見えなかったものが見え、今まで気づかなかったものに気づくことができるようになります。

　たとえば、欠点しか目につかなかった人の中に、気づかなかった能力や特技を見出すことができるようになります。あるいは、ピンチにしか見えない状況でも、そのすぐそばに隠れている「チャンスへの扉」が見えるようになります。

　脳は放っておくと省エネ運転に入りますが、心の視野も放っておくとますます狭くなり、せっかくそこにある人の能力や起きている出来事のチャンスを見逃すことになります。狭い視野よりも広い視野のほうが、はるかにたくさんのチャンスに出会うことができます。

　大切なのは、放っておくと狭くなる心の視野を広げ、価値を探そうと心がけることです。それが「ほめる達人」の生き方でもあります。

15 自分の価値を見つける

一度の人生、限りある命であれば、なりたい自分になって生き切る

∵ 自分が言われて嬉しいほめ言葉を探すトレーニング

「ほめ達」は、「人」「モノ」「出来事」の価値を発見する人ですが、まずは何の価値を発見するべきでしょうか。それは、自分自身の価値です。自分の価値を認めにくい人は、周りの人の価値もなかなか認めにくいものです。まずは、自分の価値を認めることが必要です。

自分の価値を発見するためのトレーニングとして、自分が言われて嬉しいほめ言葉を、できるだけ多く書き出します。

「自分はまだできていないから、こんなことを書いたら恥ずかしい」といったことは考えずに、できるだけ、どんどん書いていきます。あるいは、「自分が仕事としてやっていることなので、こんなことは当たり前。今さらほめられても嬉しくない」というものも、ほめ言葉だなと思うものはすべて書きます。

このトレーニングは数にこだわりますので、できるだけ多くの数を書き出してください。単語レベルのものでよいのですが、当然、同じものではいけません。違う種類で、できるだけ多数、5分間で30個以上を目安に書き出してください。

∵ 言われて嬉しいほめ言葉から「なりたい姿」を探す

次に、先ほど書き出した「自分が言われて嬉しいほめ言葉」の中

から、2～3個選んで〇を付けます。〇を付ける基準は、「これから先自分が生きていくうえで、もっと言われたい」または「こういう言葉を集められる人生は、きっと素敵だろうと思う」ということです。

すでに自分が言われている言葉でも、まだ言われてないけれど言われたいと思っている言葉でも、これから目指す姿の言葉でもいいのです。選んだ言葉は、特に誰かに見せる必要はありません。ただ、選んだ言葉を自分の中で少し意識することが大切です。

どうせ一度の人生、限りある命なのですから、なりたい自分になって生き切りたいものです。そして、その生き方が、周りの人にとっても価値があるものであれば素晴らしいことです。

ここで選んだ言葉は、**なりたい自分になって生き切り、周りの人にとっても価値がある生き方**をするときの目印になります。

以上のトレーニングは、「ほめ達！検定3級」の問題にもなっています。「ほめ達！検定」は、ただ単にほめるスキルや能力を学ぶだけではなく、**自分がいかに生きるべきかを、ふと立ち止まって考える場**としての意義もあるのです。

また、このトレーニングによって、「ほめ達」として、どれくらいほめ言葉を持っているかがわかります。つまり、**「ほめ達ボキャブラリー」がどれくらいあるのか**を数で確認できるのです。

なお、巻末に、「ほめ達！検定3級」の参考解答例集があります。この問題の解答例として、100個以上のほめ言葉が収録されています。トレーニングの参考に、この中から自分の好きな言葉を選んでみてください。

❖ 周りから見られる自分の性格

人間には、生まれ持っての性格があります。しかし、周りから見

られる自分の性格は、そのほとんどが自分が周りの人に対してどう表現するかによって決まります。

自分をどのように公開または隠蔽(いんぺい)するかについて、「ジョハリの窓」というモデルがあります。

自己には、「開かれた自己」と「隠している自己」があるとともに、「見えていないが他人は知っている自己」と「自分も他人も知らない自己」があるというものです。次ページの図のように、「開かれた自己」の領域を広げることで自分の成長につながります。

> ### 🍃 「ほめ達」は、お金いらずのエアホッケー台
>
> ゲームセンターなどで目にするエアホッケー台は、スマッシャーという器具を使って盤上でプラスチックの円盤(パック)を打ち合い、相手のゴールに入れるゲーム機です。エアホッケーは、盤上から噴き出す空気の力でパックを浮き上がらせる仕組みから付いた名前です。ゲーム中は常に下から空気が出ていて、パックが浮かされスムーズに動くようになっています。
>
> 「ほめる」ことの役割は、エアホッケー台の下から出ているエアにたとえられます。つまり、「ほめる」ことは、ゲーム中に常にパックを浮き上がらせ続けているエアのように、人間関係で常に相手の価値に注目し続けていること、状況にかかわらずよりよい関係を整えておくことといえるのです。
>
> 常に、相手の行動やそこで起こっている出来事に価値を見つけて、相手の人生がさらに快適になるように寄り添える人が「ほめ達」なのです。

ジョハリの窓

上図:

- 開放された領域（開かれた自己）— 自分が知っている／他人が知っている
- 気づいていない領域（見えていない自己）— 自分が知らない／他人が知っている
- 隠している領域（隠している自己）— 自分が知っている／他人が知らない
- 未知の領域（誰も知らない自己）— 自分が知らない／他人が知らない

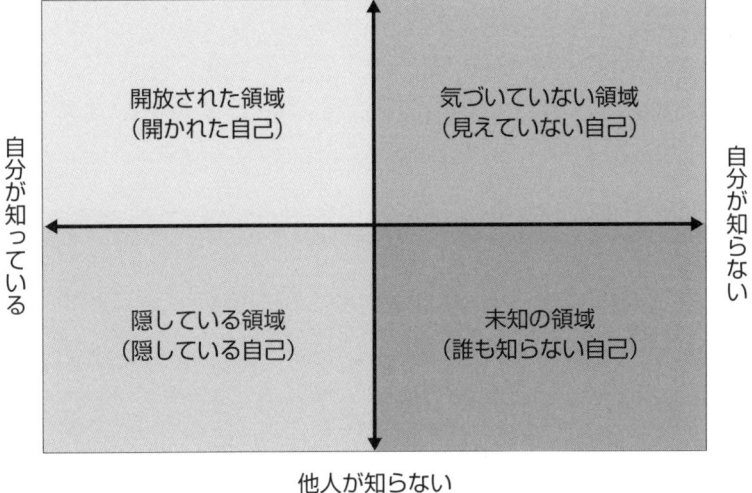

下図:

- 開放された領域（広げる）
- 気づいていない領域
- 隠している領域
- 未知の領域

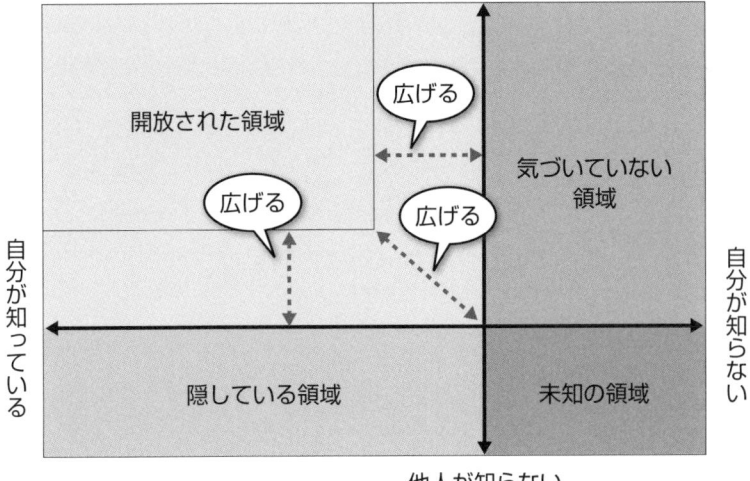

16 相手の価値を見つける

ダメ出しは本能、ほめるは覚悟

❖ 身近な存在の価値に気づき最大化する

✤14で述べたとおり、多くの人は、今見えているものを現実と考えます。また、マイナスに目が行き、あら探しばかりをしてしまう生存本能があり、心の視野は狭いのが自然といえます。

しかし、そのままでは次に進むことはできません。私たちは、そろそろ次の進化をするべきです。

「ほめ達」が実行しているのは、普通の人には見えにくい、気づきにくい価値を見つけて、周りに伝えていくことです。まずは、日常の当たり前のなかに隠れている価値や感謝すべき存在に気づくことです。「ありがたい（有難い）」の反対は「当たり前」です。「当たり前」の存在のなかに「ありがたい」が見つけられるようになると、一気に人生が豊かなものになります。これは、人や組織を率いる人にとっては、身近な存在の価値を最大化することでもあります。

日常のなかに生きがいや働きがいを見つけたり、感謝すべき存在を見つけたりするという**見えない価値の発見**は、誰にとっても有意義なことです。

身近な存在の価値を最大化するという「ほめる」ことについて、もっと心を砕いて、切り口を見つけ、能力を磨く努力をするべきではないでしょうか。

「ほめて伝えると、相手の心が開く」

どんな言葉がけをすると相手はさらに輝くのかを考えましょう。

小さなプラスの部分を踏まえたうえでアドバイスをすることによって、相手は見違えるように成長します。

「自分の周りにはろくな人間がいない」と愚痴ばかり言っていた人も、「ほめる」ことによって相手が変わり、相手が成長するのを目の当たりにすれば、「人間はすごい」と素直に思えるようになります。

それでも、「自分の周りにはろくな人間がいない」という人は、次のように考えてみましょう。

「ほめるところのない人はいない。ほめるところを見つけられない自分がいるだけだ」

力がないのは相手ではなく、相手の価値に気づくことができず、相手の力を引き出すことができなかった自分のほうなのです。

身の回りのあらを探すのではなく、身の回りにたくさんある「価値」を探すことで、人はもっと豊かな生き方ができるのです。

価値を見つけるトレーニング

人に限らず、私たちの周りには、たくさんの感謝すべきものがあり、たくさんの「価値」が隠れているのです。大切なことは、「価値」を見つけることができるかどうか、「価値」を見つけようと努力をしているかどうかという、「価値はある」と信じる覚悟なのです。

「ほめ達」とは、そこにある「価値」を誰よりも信じ、「価値」を見つけようと誰よりも強く意識している人なのです。

それでは、自分の周りの身近な人を一人選んで、その人の素晴らしい点を探して書き出すトレーニングをしてみましょう。

基本的な方法は、第1部✿1の「プラスの価値に転じて伝えるほめ方」のトレーニングと同じです。ポイントは、エピソードで書き出すことです。

普段から目立つ人、ほめられている人ではなく、普段は目立たない人、あまりほめていない人を選びます。大切なのは、**すべての人は「ダイヤモンドの原石」**であると信じることです。誰にでも素晴らしい価値があります。違いは見えているか見えていないかだけなのです。誰にでも素晴らしい価値があると信じて相手を見れば、きっと今までは気づかなかった良さも見つけられるはずです。

　さらに重要なのは、**「エピソード」を思い出す**ということです。その人の素晴らしい点や良いところを証明するような、実際にあった出来事も一緒に思い出し、エピソードとして書き出します。エピソードはどんなに小さいことでも構いません。

　こうした訓練を重ねることで、脳は「ほめ脳」となり、やがて誰を見ても、何を見てもほめずにはいられない「ほめ癖」が身につくのです。

　すべての人、すべてのモノ、すべての出来事に価値があります。「ほめ達」に必要なのは**価値を信じ、価値に気づくことを習慣化する**ことなのです。

トレーニングの効果を深める3段階

　頭の中で相手のいいところを思い出すことも素晴らしいことなのですが、頭の中で考えていることというのは意外と混沌としています。「紙に書き出す」と、相手のいいところが改めて整理されて見えてきます。そこで、頭で考えるだけでなく、紙に書き出すということが大切です。

　さらに、書くだけよりも、「誰かに話す」ことが大変効果的です。なぜなら、目の前の人の反応を見ることによって、自分が話している相手の素晴らしさを再確認できるからです。ぜひ、次の3つを行ってください。

①思い出す
②紙に書き出す
③誰かに話す

　思い出すだけよりも書いたほうが、書くだけよりも誰かに話すほうが、よりよい効果が得られます。

　それでは、この３つのなかでどれがいちばん難しいかというと、実は①の「思い出す」ことです。思い出せなければ、書くことができず、話すこともできません。

　そこで、何度も言いますが、「具体的なエピソードを思い出す」ことが解決策になるのです。

　人間の記憶、特に**短期記憶＝ワーキングメモリー**というものは、一度にたくさんのことを覚えられません。２つか３つのことを覚えると、前のことをすべて忘れてしまいます。

　しかし、人間の脳は、非常に怠け癖がある一方で、素晴らしく高性能でもあります。普段意識していない、忘れているようなことでも、**エピソード記憶**、つまり「エピソードで覚えていること」によって、非常に長期間、記憶されるのです。

　自分が忘れていることでも、エピソードで思い出していくと相手の素晴らしさが急速に脳のなかにわき上がってくるのです。

17 プラスを引き寄せる

1日5万回の「自分とのコミュニケーション」を大切にする

∴ 使う言葉をコントロールする

　第2部❖4で述べたとおり、**脳には人称の仕組みがありません**。そのため、誰かに向けた言葉や思いを、自分に向けられたものだと受け取ります。つまり、自分の周りにいる人の可能性を信じ、価値に気づき、相手に伝え続けていると、伝えているほうが、自分自身の可能性や価値を信じられるようになるのです。

　反対に、誰かのことを悪く言ったり、否定したりしていると、脳は他人のことではなく、自分のことと受け取ります。結果的に、自分で自分を否定し、自分で自分の可能性を摘み取っていることと同じになるのです。

　言葉の力を信じ、使う言葉を徹底的にコントロールして、マイナスの言葉を使わないのが一流の運動選手たちです。

　たとえば、プロゴルファーの石川遼さんは、「これ苦手ですか」と聞かれても、「苦手です」とは言いません。「これよりもこっちのほうが得意です」と言い換えています。

　タイガー・ウッズさんも、優勝を争う相手が勝負のパターを打つ瞬間、「入れ、絶対に入れ」と念じるそうです。パターが入れば相手が勝利を手にし、自分は負けるのですから、普通は「外れろ、外れろ、絶対に外れろ」と念じそうですが、そうではないというのです。

　ウッズさんは、次のように説明しています。

もし相手に向かって「外れろ」と念じたら、それは自分に向かって「外れろ、外せ」と暗示をかけたと同じことになるのです。「外れろ、外せ」などという暗示を自分にかけてしまった場合、仮に相手がパターを外して、そのあとで自分が打つとしても、自分も外す可能性が高くなるのだそうです。

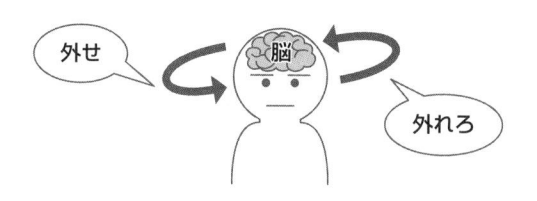

　このことからも、脳には人称の仕組みがないことがわかります。そして、誰に対しても、何に関しても、悪い言葉やマイナスの言葉ではなく、いい言葉やプラスの言葉を使うことが大切になってくることもわかります。ここでも、「ほめ達」の考える「ほめる」が役に立ちます。

日頃から前向きな言葉を使う

　日頃からいい言葉を使い、前向きな言葉を使うように心がけることこそが、最高の結果を生む原動力となります。
　それでは、いい言葉や前向きな言葉は、普段、誰に対して使えばいいのでしょうか。
　たいていの人は、自分以外の誰かを思い浮かべるでしょうが、実は、最も大切なのは、「自分自身に対して」使うことなのです。
　他人と会っているときには、いい言葉や前向きな言葉を使っていても、自分一人のときには、悪い言葉や後ろ向きの言葉を使っていては、人称の仕組みがない脳には、他人に対しても悪い言葉や後ろ向きの言葉が認識されます。

普段のコミュニケーションについて考えてみましょう。コミュニケーションを行う状況には、さまざまな種類があります。

（自分）対（一人の他人）　　　👤 ⇔ 👤

（自分）対（数人の他人）　　　👤 ⇔ 👥👥👥

（自分）対（多数の他人）　　　👤 ⇔ 👥👥👥👥👥👥

（自分）対（バーチャルな他人）👤 ⇔ 💻💻💻

　　　　　⋮

　しかし、最も頻度が高いのは、自分とのコミュニケーションです。

（自分）対（自分）　　　　　　👤 ⇔ 👤

　これこそが、すべてのコミュニケーションの中で最も多く行われているのです。**自問自答**、つまり、頭の中で使う言葉そのものが自分とのコミュニケーションの言葉です。

　ある説によると、人は朝起きてから夜寝るまで、約5万回、自分とコミュニケーションを取っているといいます。自分が普段頭の中で、どのような言葉を使っているかを意識して確認してみましょう。たとえば、次のような傾向はないでしょうか。

　目覚めた瞬間から、「ああ眠い。昨日、飲み過ぎたかなあ」と自問自答します。

　「今日の会議は嫌だなあ」
　「ここのランチは出て来るのが遅いなあ」
　　　　⋮

　このように、自問自答を1日中繰り返し、寝る前の「今日も疲れ

たなあ」まで、約5万回も自分とコミュニケーションを取っているのです。

コミュニケーションの一つひとつは短く、何気ないひと言なのですが、1日に5万回も積み重ねれば大きなものになるのです。

❖ プラスの言葉で自問自答を繰り返す

約5万回の自分とのコミュニケーションを、いい言葉や前向きな言葉で取るか、マイナスの言葉や後ろ向きの言葉で取るかによって、自分の人生を大きく左右することになるのです。

先に紹介した自問自答はマイナスなものでしたが、次のように言い換えてみましょう。

「爽やかな目覚めだ。今日も1日いいことしか起きないぞ！」
「今日の会議では絶対に提案を通すぞ」
「ここのランチはおいしかった。午後からも笑顔でいこう」
　　　　　　　　　　：
「今日も1日よくがんばった！　明日も全力を出し切るぞ」

脳に対するインプットは大きく違ってきます。これが365日繰り返されるのです。

1日約5万回の「自分とのコミュニケーション」をプラスの言葉でするか、マイナスの言葉でするかが行動を変え、人生を変えるほどの力を持っているのです。

運は、**運を迎え入れる準備ができている人のところに訪れる**といいます。プラスを引き付けるためには自分自身が日頃から言葉の使い方やものの見方、考え方、行動の仕方でプラスを心がけることが大切なのです。

自分とのコミュニケーションを大切にしましょう。その積み重ね**がプラスを引き付ける存在へと自分を変えていくのです。**

18 謙虚であっても謙遜しすぎない

「謙遜して生きていくには、この人生はあまりに短すぎる」

謙遜しすぎてはいけない理由

　私は本来、大変な人見知りです。しかし、限りある人生を意義あるものにするためには、過剰な謙遜によって引いてばかりいてはせっかくのチャンスを逃すことになるため、一歩前に出てもいいのではないかと思っています。次のように考えています。

　「謙遜して生きていくには、この人生はあまりに短すぎる」

　謙虚に学ぶ姿勢は成長につながりますが、過度な謙遜は、せっかくのチャンスを逃します。それだけではなく、本来、自分が手助けできることまでもできなくしてしまう恐れがあるのです。

　「謙虚に生きる」ことは大切ですが、何でも「謙遜して生きる」必要はありません。迷ったら思い切って一歩前に踏み出していく強さも必要です。一歩を踏み出すことから、出会いやチャンスが生まれます。たとえば、見知らぬ人ばかりが出席している懇親会などで声をかけようかどうしようかと迷ったなら、まず声をかけるべきです。

　「初めまして、ご挨拶させていただいてよろしいですか」と声をかけてみると、相手から「こちらこそ、ご挨拶に行かせていただこうと思っていました」といった嬉しい言葉が返ってくることもよくあるのです。

　私たちは、いろいろな人と関係し合い、お互いに協力し合って生きています。自分に足りないことは堂々と助けてもらえばよく、自

分が得意とすることはどんどん手伝っていけばいいのです。

「ほめる」というのは、言葉でほめ合うだけのことではありません。助けたり助けられたりする関係の中で、**お互いを認め合うという最高のほめ方**もあるのです。

❖ 「ほめ達」になると自然に引き立てられる

周りをほめていると、自分のいないところで自分がほめられることも多くなってきます。「ほめる」ことは、周りに「あの人は素敵だ」という印象を与え、やがてほめている人が周りから「憧れられる存在」になります。同様に、相手の価値を認め、相手を尊敬していると、やがて自分も尊敬される存在になることができます。

「ほめ達」は照り返しで輝く人です。まずは一歩を踏み出して皆の力を借り、周りの人に光を当てることです。皆の価値を認め、尊敬することの積み重ねが、自分の中の種を育てていき、やがては「ほめ達」として、皆から頼られる存在へと自分を成長させていくのです。

「ほめ達」のいいところは、自分の弱さを認められるようになることでもあります。自分に足りないものを素直に感じられる人が「ほめ達」になりやすいのです。一方、自分が完璧でありたい人は、ジグソーパズルでいうとピースの出っ張りが多すぎて、「ほめ達」になりにくいのです。

ピースの出っ張りは長所でへこみは短所ですが、へこみは周りの人の長所を活かすためにあるのです。「ほめ達」は**自由にへこみを作れる人**です。つまり、相手の話を引き込む懐の深さがあり、相手のプラスを活かすために、本来自分が出っ張っているところでもへこませられる人です。これにより、自分のピースの領域が大きくなります。ピースがつながって大きくなるということは、**自分の人間力が上がる**ことになるのです。

19 「ほめる」ポイントを押さえて実践を積む

「泣く子もほめる」のが「ほめ達」

∷ 「ほめる」ポイントの確認

　「ほめる」実践トレーニングの前に、「ほめる」ことの基本を復習しましょう。

　嬉しいほめられ方というのは人によって違ってきます。たとえば、完璧主義の人は、中途半端な状態でほめられても嬉しくないでしょう。考え方のタイプによって、また、性別によっても反応は違ってきます。しかし、誰にでも通用するのは、**小さな事実を見つけて、それを伝える**ことです。

　「お客さまに対するあのひと言。あれでお客さまの信頼感がグッと増したよね。あのひと言はよかったよ」

　このとき、「ひと言」があったという小さな事実は誰も否定できません。その言葉からお客さまの反応が変わり出して、そこから商談が進み出したという事実は確かにあるのです。小さな事実で違いが生まれたというところを見つけて、伝えることが肝心です。

　小さな事実で、しかもそれが明らかに周りに影響を与えたものであると、さらに「ほめる」効果は増します。相手は、「この人はものすごく細かいところまで見てくれているな。しかもプラスの部分で見てくれている」と、自分に対するその後の印象がよりよく、より深くなります。「ほめる」ことでいちばん大事なのは、すでにできている小さなことでも、「私はあなたのことをしっかりと見ていますよ」

と伝えることなのです。

　そして、**「小さな事実」に「感謝」を添えて伝える**ことが大切です。「○○してくれてありがとう」というのは、非常によい「ほめ言葉」です。「ありがとう」と言うためには、「○○してくれて」という感謝すべきことを思い出さなくてはなりません。これも非常にいいことです。**怠け癖のある脳を楽しく、こき使いましょう。**

　そして、最後まで「ほめ切る」ことが大切です。「ほめ切る」といっても、表面的な言い方では意味がなく、真実だけを具体的にほめることと、証拠を示すことが大事です。証拠というのは、第三者の意見・証言を伝えることです。「○○さんもいつも言ってるよ」という、**第三者の証言として伝える**のです。

　しかし、間違いなく事実であっても証言が取れないこともあるでしょう。あるいは、本人が「そうかなあ」と納得しないこともあるでしょう。そんなときは、自分が言い切ることが大事です。「いや、少なくとも私はそう思うね」と言い切ることです。

　たとえば、相手が自信を持てないと悩んでいるきにも、「あなたは自分で自分のことを信じられないとか、能力がないと思っているかもしれませんが、私はあなたには本当に能力があると思っています。たとえあなた自身が否定したとしても、私はそう思うんです」

　事実だという証言を探して、それを伝えて、それでも伝わり切らない場合は私がそう思うのだからという**主観でほめ切る**ことです。

❖「ほめる」実践トレーニング

　「ほめ達」になるためには、「ほめる」実践を積むことが大切です。実践のためには、まずは「ほめる材料＝価値」を見つけられるかがポイントです。練習として、まずは飲食店で外食をする際などに「ほめる」実践をやってみましょう。

飲食店で働いている人は、お客さまに喜んでもらうのが仕事ですから、わざわざ探さなくとも、ほめる材料を自分たちで出してくれる場合が多いのです。言わば、打ちやすい絶好球が来るバッティングセンターのようなものですから、まずは飲食店で打つ練習、つまり、ほめる実践をやってみましょう。

[Step①]
　飲食店の仕事の基本は、笑顔で接客することです。このため、「いやあ、いい笑顔ですね」と笑顔をほめると、言われた人は大変嬉しくなります。
　通常、飲食店では、スタッフに「本日のお勧めメニュー」を紹介するよう指導しているものです。そこで、「個人的なお勧めメニューは何ですか」と聞きます。そして、スタッフの言葉に対して、「ちゃんと料理の内容を勉強しているんだね。素晴らしいね」と言います。すると、相手は非常に喜びます。
　相手の喜んでいる様子を見ることで、「ほめる」には効果があることが実感できます。「このほめ方でいいのだ」という感覚を得ることで、「ほめる」技術もどんどん強化されていくことになります。
　さらに「ほめる」ことで、相手の気分が良くなってくると、提供されるサービスの質も必ず向上します。飲食店でサービスを提供する人にとって、「おいしいね」とか「ありがとう」は最高に嬉しい言葉です。お客さまが「ほめる」姿勢になっていて、最高に嬉しい言葉がもらえるとなると、サービスを提供する側も自然と気分が高揚し、気合も違ってきます。
　このように、相手を「ほめる」ことで、**「ほめる」側の自分も大変気分の良い接客を受けることができる**ようになるのです。

Step②

　飲食店で、サービスを提供する人の名前を知っている、または、名札からわかる場合は、「○○さん、また来るからね。今日はありがとう」と名前を添えます。名前を言うだけで、相手との距離感はぐっと縮まり、再度、その店を訪れた際も、必ず気持ちの良い接客を受けることができます。

　このように、飲食店で「ほめる」実践を行うと、食事に行くだけで「ほめ達」になるためのトレーニングができます。そのうえ、食事をより楽しくすることもできるようになります。

　飲食店で働く人でほめられて嫌な顔をする人は、まずいないはずです。「ほめ達」を目指す人は、飲食店に行ったら**何がなくとも「ほめる」ということをルール化**しておくことです。

Step③

　「まずは、ほめよう」と飲食店に行ったところ、あまり笑顔も浮かべず、淡々とした接客をされた場合はどうしたらよいのでしょうか。次のように言えばいいのです。

　「ああ、落ち着きますね」「プロらしい仕事ぶりですね」

　こうした声をかけると、たいていの人は笑顔になってくれます。そのときはすかさず、「いやあ、驚くほど素敵な笑顔ですね」とほめます。「ほめ達」式の「2段ぼめ」です。**どのような店であっても、ほめることは可能**です。

　なお、料理が出てくるのが遅い店については、「ほめ達」なら次のように言います。

　「提供時間にもスパイスを効かせて、味付けにしているのですね」

　一緒に料理を待っていた人たちも、イライラが一気になごみます。

　何といっても、「泣く子もほめる」のが「ほめ達」です。「ほめ達」には、日々の実践トレーニングが欠かせないのです。

20 人間には利き脳がある

他の人と自分は「絶望的に」違う

話が伝わらないのは利き脳があるため

　腕、目、耳には利き腕、利き目、利き耳がありますが、脳にも利き脳があります。右脳派・左脳派という言い方もあります。

　一般に、右脳派はクリエイティブで、発想をどんどん広げるタイプといわれます。このため、絵を描いて説明してもらうと理解しやすいといわれます。一方、左脳派はロジカルで、言語で考えるタイプといわれます。このため、言葉で秩序立てて説明してもらうほうが理解しやすいといわれます。

　つまり、**右脳派・左脳派では理解の仕方に違いがある**のです。

　利き脳の違いを理解しておかないと、たとえば部下が2人いて、一方が右脳派で、もう一方が左脳派だった場合、同じ説明をしても、右脳派には理解できても、左脳派にはなかなか伝わらないといった差が出ることになります。説明が伝わらないのは、説明の仕方が下手だとか、部下の理解力が欠けているということではなく、右脳派か左脳派かという利き脳に違いがあるためなのです。

　右脳派と左脳派の違いのほか、男性脳と女性脳の違いもあります。こちらのほうが、よりわかりやすいかもしれません。男性脳は、問題を見聞きした場合、解決したくて仕方がなくなる「解決脳」といわれます。一方、女性脳は、問題を見聞きした場合、解決することよりも共感を大切にする「共感脳」といわれます。例を紹介します。

Aさん（男性）が、仕事から帰って居間でくつろいでいました。「男は敷居を跨げば7人の敵あり」ということわざもあります。ことわざどおり、Aさんにたくさんの競争相手や敵がいるかどうかはともかく、職場に行き、一生懸命に働いてきたところです。「今日もよくがんばった」と自分で自分をほめながら、ビールで一杯やってたのです。

　すると、そこに妻のB子さんがやってきて「相談したいことがあるんだけど」と言いました。

　本当は、「外で疲れているから、面倒な話は今度にしてくれ」と言いたいところをぐっと我慢して、B子さんの話を一生懸命に聞きました。そのうえで、「よし、これしかないって」とずばりと解決策を口にします。すると、B子さんは、感謝するどころか、「あなたは私の話を真剣に聞いていない」と言って怒り出したのです。

　Aさんにとっては何とも理不尽な話ですが、ここに男性脳と女性脳の大きな違いがあるのです。

相手に伝わる話し方を探す

　先ほどのAさんのような理不尽な怒られ方について女性の心理カウンセラーに尋ねたところ、心理カウンセラーから返ってきた答えは「B子さんの態度は当然です」というものでした。意外に思い、私は詳しく理由を教えてもらいました。

　後日、私も、家でくつろいでいるところに、妻が「相談事があるんだけど」と言ってやってくるという機会がありました。私は、先ほどの心理カウンセラーの教えを胸に、妻の話を一生懸命に聞いて、次のように言いました。

「そうか、お前も大変やな。気持ちわかるわ」

すると、妻は「そうでしょう」と満足げな表情になり、そのまま家事に戻っていきました。

解決策を求める男性脳の私からすれば、問題は何も解決していないわけですから、「ええっ、それでいいのか?!」と思います。しかし、解決より共感を大切にする女性脳の妻からすれば、「気持ちわかるわ」のひと言で、胸のつかえが取れたことになるのです。

このように「違い」がある場合、自分の価値観を一方的に押し付けたところで、相手の納得を得ることはできません。左脳派がいくら論理的に説明したところで、右脳派には伝わりません。それはどちらが悪いわけではなく、「違い」があるからということなのです。

「ほめ達」が行っているのは、価値を発見して相手に伝えることです。価値観が違うのなら、**まず相手の価値観に寄り添って、視点を変えて価値を見直し、そのうえで相手に伝える**という手順が必要なのです。

女性が求めているのは「解決策」ではなく「共感」なのですから、まず口にすべきは「共感」のひと言です。自分の考えが思うように伝わらないとき、人は自分のプレゼンテーション能力のなさを嘆くか、あるいは相手の理解力のなさを指摘するものです。しかし本当の問題は、脳には利き脳があり、左脳派もいれば右脳派もいて、男性脳もあれば女性脳もあるということなのです。

「ほめ達」に大切なのは、**人の価値観には「違い」がある**ことをしっかりと理解しておくことです。価値を見つけても、自分の価値観こそがすべてと思い込んでいては、絶対に他の人の価値観に寄り添うことはできません。自分と人との「違い」を知ったうえで、コミュニケーションを取り、相手に価値を伝えていくことが大切なのです。

「ほめ達」は、違いを知り、違いを楽しみ、そして、違いを活用で

きる人なのです。

🍃 「利き耳」はどちら？「利き目」はどちら？

「利き腕はどちらですか」と聞くと、誰もが即座に答えるのですが、「利き耳はどちらですか」と聞くと、すぐに答えられる人はほとんどいません。

「利き耳はどちらですか」というのは、「主にどちらの耳を使いますか」ということです。よりわかりやすく、「目の前で電話が鳴ったとき、受話器をどちらの耳に当てますか」と尋ねると、どのセミナー会場でも、左右が半々くらいの比率になります。利き腕は圧倒的に右が多いのですから、普通に考えれば、右利きの人は電話が鳴ったとき、反射的に右手で受話器を取り、そのまま耳に当てたら右耳になり、右耳が利き耳ということになりそうです。しかし、電話の場合、右利きの人はメモを右手でとるため、右手を開けておくために左手で受話器を取ることもあるでしょう。半々になるということは、受話器は自然と自分にとって声を聞きやすいほうの耳に当てていると考えられます。

利き腕と利き耳がわかったら、次は利き目です。「利き目はどちらですか」というのは、「主にどちらの目を使いますか」と言い換えてもわかりにくいため、次のような実験をします。

まず、ホワイトボードなどに赤い「○」を描きます。そして、自分の顔の30cmぐらい前のところで、親指と人差し指で「○」を作ります。次に、両目を開けた状態で、ホワイトボードに書いた「○」が、指で作った「○」の中に納まるようにします。そのまま片目ずつ閉じると、左右どちらかの目で見たときに、指で作った「○」からホワイトボードに描いた「○」がずれます。

この実験で、「○」がずれないほうの目が利き目になります。両方の目で見ているつもりでも、実は利き目を中心にして見ていることがわかります。「○」を見る実験のあと参加者に利き目を尋ねると、どの会場でも、やはり左右が半々くらいの比率になります。

21 タイプに応じた コミュニケーションを取る

「伝えたこと」ではなく、「伝わったこと」だけが伝わる

❖ 人には人の基準がある

　自分と全然違うタイプの人がいるという事実を知っておけば、相手を非難せずに認めることができるようになります。たとえば、いくら自分が説明しても理解しない相手に腹を立てるのではなく、相手が理解できる説明の仕方を探そうと切り替えるようになります。

　「思い」というのは、伝わらなければ意味がありません。さらに、伝わった「思い」が相手の行動として現れなければ何も変わりません。1度や2度、話をしただけで思いが伝わるなら簡単ですが、人間には感情もあれば、✻20で述べたような利き脳の違いもあります。

　人には違いがあるにもかかわらず、自分だけの尺度や自分だけの価値観ですべてを判断しようとすると、大変な間違いを犯します。たとえば、完璧でなければ気がすまない人に、中途半端な程度でほめると、相手は馬鹿にされたと感じるでしょう。

　「ほめ達」の役目は価値を見つけ、価値を伝えることです。人には違いがあることを知り、**違いを受け入れることで、価値はよりはっきりと見えてきて、相手に伝えることができる**のです。

❖ 相手に伝わる工夫をする

　国民栄誉賞を受賞した長嶋茂雄さんは、典型的な右脳派といえま

す。「ビュンッと来たらブンッと！」のような、バッティング指導とは思えない表現をするというのは伝説的な話です。それでも、右脳派同士では通じていたようです。

　長嶋さんと国民栄誉賞を同時に受賞した松井秀喜さんが右脳派か左脳派かはわかりませんが、2人の師弟関係を見ていると、2人の間には心の底から通じ合うものがあったのでしょう。

　長嶋さんと好対照なのが典型的な左脳派といわれる野村克也さんです。野村さんは、監督としての最初のミーティングで、選手に次のような質問をしたそうです。

　「物心ついたときから野球ばかりやっている皆さんに大変失礼な質問だけれども、野球のボールカウントには何種類あるか知っているか」

　この質問に誰も答えられませんでした。野村さんは、次のように続けました。

　「君たち、こんなことも答えられないで野球をやっていたのか。野球のボールカウントには、ゼロゼロからツースリーまで全部で12種類あるんや」

　「じゃあ、今度はこの12種類の中でバッター有利のカウントはどこからどこまでか線を引いてみろ」

　いきなりガツンと殴られたような言葉に、今までそのような経験がなかった選手たちは、野村さんにぐっと引き込まれたといいます。

　もちろん、すべての選手に野村さんの野球理論が合ったわけではないでしょう。しかし、野村さんの野球理論に出会うことで、持っていた才能を開花させた選手はたくさんいたのです。

　大切なのは人には違いがあるということを知り、理解することです。こうした**違いを踏まえたうえでコミュニケーションに臨めば、相手の理解は格段に上がります**。相手に伝わるのは、「伝えたこと」ではなく、「伝わったこと」だけなのです。

22 ラベルをはがして発想を転換する

「ほめ達」は違いを活かす達人

❖ 万策は簡単には尽きない

　何度も述べてきましたが、「ほめる」とは、人、モノ、出来事の価値を発見して伝えることです。

　「価値」の中には、当人さえ気づかなかった価値もあります。相手が気づいていない価値を発見して伝えてあげると、相手が大変喜ぶだけでなく、そこから価値の連鎖が起こります。価値の連鎖とは、次のような現象です。

　相手の価値を発見して伝えていると、相手もこちらの価値を見つけてくれるようになります。あるいは、モノの価値を発見して伝えると、相手もそのモノに別の価値を見つけてくれます。

　その結果、自分と相手の発想が２倍、３倍、５倍、10倍と、どんどん広がっていくのです。この**連鎖は、「好意の返報性」という心理が働いた結果**です。好意の返報性から、私たちは、人から何かをしてもらうと、「お返しをしなければならない」という感情を強く抱きます。

　また、ほめられることで**怠け癖のある脳にスイッチが入り、脳が創造的に働き始める**という効果もあります。いずれにしても、「ほめ達」は、発想をどんどん広げていく人なのです。

　今の時代は変化が激しく、価値観も多様化しているため、一人の人間の情報収集力や発想力では、どんなに優れた人であっても太刀

打ちできません。お客さまのためにどれがベストかと選ぶとき、3つ4つのアイデアから選ぶのと、10も20ものアイデアから選ぶのとでは、より多くのアイデアから選ぶほうが、ベストに近づけやすくなります。

　また、たくさんのアイデアの中から1つを選ぶ際には、最終的には、経験豊富な、そして責任を負う覚悟のある人が決断することになりますが、決断に至る過程では、できるだけたくさんの人の知恵を集め、できるだけたくさんのアイデアを集めることが必要です。

　ほかの人からアイデアを集めると、「万策尽きる」ということがなくなります。

　「万策」とは、「1万もの方策」という意味ですが、私たちは、3つ4つくらいの策が尽きたら、「万策尽きた、もうダメだ」と思うものです。それは、自分一人でアイデアを出そうとしているからであり、大勢の人が参画し、もっと大勢のアイデアに頼れるのであれば、限りなく「万策」まで尽くすことができるのです。

　周りの人をほめ、価値に気づき、価値を伝えるということを実践していると、周りの人も同様にたくさんの価値に気づき、価値を伝えるようになっていきます。つまり、**「ほめ達」の周りには、たくさんの価値やアイデアが集まってくる**のです。

❖ アイデアを集めるトレーニング

　「ほめ達」になれば、簡単には「万策尽きる」ことはなくなります。しかし実際には、簡単に万策尽きてしまうことはよくあります。なぜなら、第2部❋1で述べたとおり、私たちはモノを見るとすぐに「これは○○だ」とラベルを貼(は)ってしまい、そこで考えることをやめてしまうからです。

　まずはラベルをはがすトレーニングをしましょう。たとえば私の

セミナーでは、椅子を使って行います。

・・・

まず、参加者に椅子を見せます。

「これは何でしょう」と聞くと、当たり前ですが一斉に「椅子」という答えが返ってきます。

次に、同じ椅子をひっくり返して、次のように伝えます。

「これが椅子以外の何に見えるかを30秒間で3つ以上書いてください」

30秒という短い時間で思いつくのは、一人当たり3つか4つぐらいです。多い人でもせいぜい6つです。

アンテナ、オブジェ、トンネル、物干し、衣紋掛けと答えが出てきます。しかし、そこまでぐらいが一人で思いつく限界です。

その後、参加者に思いついたことを発表してもらいます。

すると、アンテナ、オブジェ、トンネル、物干し、衣紋掛けだけではなく、鉄パイプ、背筋伸ばし器、ダンベルといった答えも出てきます。

ダンベルと答えた人は、筋肉トレーニングが趣味とのことで、それぞれ今、自分の興味のあることをベースにした、他の人では思いつかないような答えを出してくるのです。

・・・

一人で考えると3つしか浮かばないアイデアも、10人、20人と集まって考えてみると、ホワイトボードがいっぱいになるほどのアイデアが出てきます。書き出してみて重複しているものを除いたとしても、30〜40のアイデアが残ります。つまり、一人で考えているときの10倍以上のアイデアが出てくるのです。

椅子を見せて、「これは何に見えますか」と聞けば、返ってくるのは「椅子」という答えです。しかし、「椅子以外の何に見えますか」と聞くことで、「これは椅子だ」というラベルをはがす作業が入りま

す。ラベルをはがして考えると、たくさんの発想が出てきます。

　モノを見るとき、物事を考えるときには、頭の中にはられたラベルをはがすという作業が非常に大切なのです。

アイデアを出すトレーニング

　椅子をひっくり返して見直すように、ラベルをはがして考えてみれば、新しいアイデアは必ず出てきます。

　たとえば、「新しい指示棒を開発する」ためのアイデアを出してみましょう。

　「指示棒は細長い棒だ」という形の面にとらわれ過ぎると、どんなに改良しようとしたところで、せいぜい長さを変えるとか材質を変えるというアイデアを出すのが限界です。

　しかし、「指示棒は細長い棒だ」というラベルをはがし、「指示棒はあるポイントを指し示すものだ」という要素・目的の面に注目すれば、「細長い形の棒」を離れ、たとえば、「レーザーポインター」のような道具を作るという発想が可能になってきます。

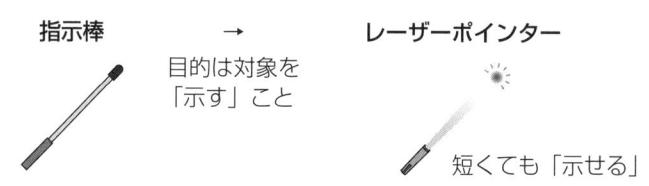

```
指示棒              →            レーザーポインター
       目的は対象を
       「示す」こと
                                    短くても「示せる」
```

　「○○はこういうものだ」というラベルにとらわれている限り、新たな発想は生まれません。しっかり貼りついているラベルを引きはがしましょう。**新たなアイデアは、ゼロベースで考えることで出てくる**ものなのです。

　しかし、自分一人でラベルをはがし、新たなアイデアを生み出すというのは決して簡単なことではありません。そこで有効なのが、「他人の脳を借りる」ことです。

先ほども述べたように、本人が「万策尽きた」と思っても、そこにある策はせいぜい3つか4つに過ぎません。椅子に関するアイデアも、一人ではどんなにがんばってみても（30秒の制約がなくても）6つが限界です。
　この程度の数なら、確かにすぐに万策尽きてしまいます。自分ではラベルをはがしたつもりでも、結局、新しいといえるほどのアイデアは生まれないという結果になってしまいます。そこで、**「一人の力」「自分の脳」ではなく、「皆の力」「他人の脳」を使う**という考え方をすればいいのです。
　皆の力や他人の脳というのは、何も、専門家やコンサルタントの力や脳である必要はありません。自分から見れば、経験不足の若い人や、かかわって日が浅いといった人にも、素晴らしいアイデアが眠っている可能性があるのです。
　「ああ、そうか。この商品はこの世代にはこんな使い方があったんだ」というように、自分一人では思いつかなかったようなアイデアに出会えます。

若い人・子どもの感性こそが貴重

　「自分は経験もあるし、たくさんのアイデアを持っている。今さら年下の社員や、何も知らない素人の意見に耳を傾けたところで、何も得られるはずがない」と考える人もいるかもしれません。
　しかし、現代のように変化が激しく、ものの価値観が多様化している時代には、経験を積み、学びを重ねても、一人だけのアイデアや発想では限界があります。
　どれほどの実績を上げた人でも、謙虚に耳を傾ければたくさんのアイデアが集まり、自分一人の力を超えた成果が得られるのです。
　経験や知識は足りないけれども、感性のある人はたくさんいるも

のです。その人たちをほめて、その人たちの脳を活性化することで、たくさんのアイデアが出てきます。たくさんのアイデアを集めたうえで、自らの責任で「どうすべきか」を決めればいいのです。

これにより、策が尽きることも、「不景気だから」とあきらめる必要もなくなります。

> ### 🌿 「違い」を活用する「TTP」
>
> TPPは、「環太平洋戦略的経済連携協定」の略。では、TTPは？「徹底的にパクる」の略です。
>
> 話を聞いたり見たりして、「いいなあ」と思ったら、「それ、いただき」とまねをすればいいのです。これがTTPです。
>
> そのままでは使えないときには、TKPやOKPです。
>
> TKPは、「ちょっと変えてパクる」の略です。
>
> そのままでは使えないけども、ちょっと変えたら使えるようになるということはよくあります。
>
> OKPは、「思いっきり変えてパクる」の略です。
>
> オリジナルからはかなり違うものになっているけれど、元々のヒントは○○ですというものです。誰かの話やどこかの会社の事例に触発されて、そのアイデアを何とか自分に生かそうとするのがOKPなのです。
>
> 組織にはゼロから1を考えるのが得意な人もいれば、1に自分なりの知恵をつけるのが得意な人や、1を大きく育てるのが得意な人もいます。どれも素晴らしい能力です。
>
> 大切なのは、話を聞いたり、成功事例を見たりしたとき、「自分とは関係ないな」とシャッターを下ろしてしまわないことです。一見、**自分には関係のないことにも「価値」を見出して、自分や自分の組織でも使えるようにする**ために、努力することが大切です。
>
> 「ほめ達」の役割は、価値を見つけ、価値を伝えていくことですが、**気づいた価値を皆が使えるものに変えて伝える**ことも大切な役割なのです。

23 チャンクを使ったコミュニケーション

チャンクの大きな言葉とチャンクの小さな言葉のバランスを取る

チャンクとは何か

コミュニケーションについて、「チャンク（chunk）」というものを中心にした考え方があります。チャンクとは「塊（かたまり）」という意味です。

たとえば、イチゴ、ブドウ、リンゴという物を1つの塊として、その塊に一般的な名前をつけるとした場合、何という名前を付けるでしょうか。単純に考えれば「果物（フルーツ）」です。しかし、この3つに米を加えて1つの塊として、その塊に一般的な名前をつけるとした場合、「食べ物」という「果物」よりも大きな塊を表す名前に変わります。つまり、より抽象的な塊になります。このことを、「チャンクが上がる」と表現します。

一方、たとえば、米を銘柄で分けていき、あきたこまち、ササニシキ、コシヒカリ、ひとめぼれと細かい塊にします。このことを、「チャンクが下がる」と表現します。

エネルギーが大きい言葉・エネルギーが小さい言葉

抽象度が高い言葉を「チャンクの大きい言葉」といいます。チャンクの大きさによる影響力の違いは、利点・難点、いずれも大きいものです。たとえば、「愛」「幸せ」「自由」「満足」といった言葉は、チャンクが非常に大きく、エネルギーがあるため、**聞いた相手も非**

常に元気になります。チャンクが大きい言葉を耳にするだけで、何だかやる気がわいてきます。ところが、チャンクが大きい言葉は、**実現性と再現性に乏しい**という難点があります。元気は出るけれども、「愛」「幸せ」「自由」「満足」のために、実際には何をすればいいのかを考えるのは、大変難しいことです。

　反対に、チャンクを小さくした言葉は、具体的に落とし込まれていて、**実現性と再現性が非常に高い**のです。ただし、チャンクを最小限までに切り取った言葉には、エネルギーがほとんど残っていません。このため、人は、チャンクが非常に小さい言葉、つまり、指示ばかりを細かく言われると、**心に栄養が届かず、窒息状態になります**。やるべき具体的なことはわかっても、その行動が続かないということにもなります。

　そこで、特に組織のコミュニケーションにおいては、チャンクの大きな言葉と、チャンクダウンした具体的な指示のバランスを取ることが重要になってきます。

　たとえば、「お客さまの満足を実現する」というチャンクの大きな言葉を聞いても、何をすればいいのかはすぐに思い浮かばないでしょう。しかし、「お客さまにはこのタイミングで、この角度でお辞儀をして、口角はこう上げて挨拶する」というように、これ以上細かくできないほどチャンクを小さくした言葉は、誰がいつ取り組んでも実行できる実現性と再現性が高い内容になるのです。

　チャンクの大きな言葉ばかり使いたがる人もいれば、チャンクの小さな言葉ばかり使いたがる人もいますが、両方のバランスを取ることが大切です。自分の使っている言葉を見直してみましょう。

チャンクを下げると具体化する

　チャンクを上げる癖がある人と、逆にチャンクを下げる癖がある

人がいますが、それはその人の癖であると同時に、その人の立場にも影響されるようです。

　私がコンサルティングを行った企業の例を紹介します。

・・・

　ある自動車販売会社には、次の立派な経営理念がありました。

　「感謝と信頼と絆（きずな）。この３つの言葉を軸に、私たちはお客さまに価値を提供していきます」

　「感謝」「信頼」「絆」は、大変チャンクの大きな言葉で、通常であれば元気が出る言葉です。

　しかし、社員の多くは、経営理念を単なる「お題目」としか見ていず、冷めた状態でした。

　世の中の景気が低迷し、若者を中心とした車離れが起きている時代、車を売るのは非常に難しくなっていました。このため、社員たちは、次のように考えていたのです。

　「新車が簡単には売れない時代の中で、お客さまに価値なんか提供できないよ。自分たちディーラーにできることなんて何もないし、何かやっても何も変わらないよ」

　このように考えるのも無理はなく、また、このように考える社員たちには、いくら「感謝」「信頼」「絆」といったチャンクの大きな言葉を投げかけたところで納得できるものではありません。

　経営理念は必要です。しかし一方で、具体的に何をすればいいのかという指示も必要なのです。そこで私は、この自動車販売会社の経営理念の「落とし込み」を行いました。

　「『感謝』とありますが、それでは、車の販売における感謝とは何ですか」

　「『感謝』はどうやって伝えますか」

　というように、徹底的にチャンクダウンしていきました。

　最初にお客さまが来店した瞬間に、「来ていただいてありがとうご

ざいます」「私たちに興味を持っていただいてありがとうございます」と言うことで、感謝は伝えられます。

そこで、「最初にお客さまが来店した瞬間」=「ファーストステップ」で、より感謝を伝えられる出迎え、言葉がけ、行動には、どのようなものがあるか、具体的に現場の意見とアイデアを集めました。

さらに、次のようにチャンクダウンをしていきました。

「絆って何ですか」

「その前に、信頼ってどういうことでしょうか」

昔であれば、絆は、車を買ったお客さまが買い換えの時期にまた買いに来てくれるということで示されていました。しかし、今は、新車を定期的に買い替える人はなかなかいません。むしろ、オイル交換やバッテリー交換といったメンテナンスの部分を信頼して、また来てくれるお客さまがほとんどです。

なかなか新車が売れない時代だからこそ、小さな信頼を重ねることが大事なのです。小さくとも「感謝」されることを積み重ねると、「信頼」になり、やがて「絆」になっていくことが、社員にも理解できたのです。

・・・・・・・・・・・・・・・・・・・・・・・・・・・・・・・・・・・・・

チャンクの大きな言葉は大切ですが、チャンクの大きな言葉を繰り返すだけでは「何をすればいいのか」がわかりません。「感謝」「信頼」「絆」といった**チャンクの大きな言葉をチャンクダウンし、日常の中で具体的にできることに落とし込む**ことで、社員の行動は大きく変わり始めました。

「世界を変える」「宇宙に衝撃を与える」といった壮大なビジョンは、確かに人々を鼓舞し、情熱をかき立てる力を持っています。しかし、その言葉だけでは、ただの「お題目」です。

壮大なビジョンを掲げる一方で、自分たちが作るものに対して細部への強いこだわりを見せる必要があります。

24 成長の仕方の違いを知って人を育てる

他人の一言に後押しされて、人は急成長していくことができる

成長の仕方は人によって異なる

「違い」を知るという意味では、ある状況になったときの受け取り方の違いや、ある状況に置かれた人の気持ちの違いを知ることも大切になってきます。

リーダーにとって、人を育てることは最も大切な役目の一つです。人を育て、育った人たちの成長を目にすることほど嬉しいことはありません。

しかし、人を育てることは時間のかかる、根気のいる仕事でもあります。期待どおりに育ってくれなかったり、期待していた人間が突然、会社を辞めてしまったりということで、裏切られた気持ちになることもあります。

人は大切なだけに、育てる側にとっては、常に悩みの種になるのです。

私は、業種はさまざまであっても店長という立場は同じという人たちを集めた「勇気塾」という学びの場を主宰しています。「勇気塾」では参加する店長たちに「成長グラフ」(※)を描いてもらっています。同時に、参加者が所属する店の経営者にも、自分の部下である店長の成長グラフを描いてもらいます。

　(※)　成長グラフとは、目標の達成度をグラフで見える化したものです。曲線グラフを用いると成長(積み重ね)を実感しやすくなります。

すると、大変おもしろいことに、店長と経営者のグラフはほとんど一致しないばかりか、真逆の結果を示すことが多いのです。
　理由は、店長が描く自分の成長グラフが成長曲線ではなく、自分のモチベーションや心の状態をグラフ化するためです。店長は、「このとき、こんな事件があって、自分はモチベーションが下がった」と成長グラフを下げます。
　これに対し、経営者は「このとき、こんな事件があって、それを乗り越えることで店長はすごく成長した」と成長グラフを上げる傾向があります。
　人を育てるうえで、**人の成長には「違い」がある**ということは重要なポイントになります。

小さな変化を見逃さない

　事件があって、モチベーションが下がったとき、たいていの人は落ち込みます。「ここを乗り越えてがんばろう」ではなく、「こんなつらい経験をするのは嫌だ」「こんな壁を乗り越えるなんて無理に決まっている」「どうして自分だけこんな思いをしなきゃならないんだ」と思いがちです。ついには、会社を辞めてしまう人も少なくありません。
　人はつらい出来事や嫌な出来事にぶつかったとき、そこから「逃げたい」と考えるものなのです。
　しかしそのようなときに、上司に当たる人が「成長しているね」「ここを乗り越えたら一皮むけるよ」と一言声をかけてくれれば、「そうか、上司も期待してくれているんだ。がんばろう」と考えます。一方、「成長しているよ」の一言がないばかりに、せっかく成長していた人が辞めてしまうことが多いのです。子どもと親の関係も同様です。

人は誰かが成長を見ていてくれて、つらいときや厳しい状況のときに「成長しているよ」「成長のチャンスだね」と言ってくれるだけで、がんばることができます。その一言に後押しされて、人は急成長していくことができるのです。

他人とではなく本人と比較して認める

人を育てるうえで、もう一つポイントになるのは、**誰かと比較するのではなく、過去の本人と比較して、成長を認めてほめる**ということです。

表彰制度がある組織はめずらしくありませんが、多くは売上や契約件数、利益といった数字をベースとして、最も成績が優秀な数字の人をほめるというものではないでしょうか。

数字をベースとした表彰は、誰かと誰かを比べて、より優れた成績を上げた人を表彰するものです。しかし、「ほめ達」式の表彰は、一味違います。私がお付き合いしている企業での「ほめる表彰式」では、表彰されるスタッフが驚くほど喜びを爆発させます。

この表彰式は、スタッフを輝かせる環境を作ることをねらいとしたもので、各部門のグランプリ受賞者には、両親の手紙や大学の恩師のメッセージが紹介されます。がんばっているところをほめると、ほめられた人は、「見ていてくれてる人がいるから、またもっとがんばろう」と思うのです。一生懸命取り組んでいるところにスポットを当て、ほめて認めることで、やりがいがやる気になり、スタッフが輝き出します。

「表彰されるのだから当然だろう」と思うかもしれませんが、普通は「爆発」するほどの喜びには滅多に見られるものではありません。

喜びを爆発させることができるのは、半年に一度の表彰式までに「まだまだできることがあるよ」と切磋琢磨をしているからです。普

段は地道な努力を重ねていますが、半年に一度、彼らは「自分はここまで成長できた」という自分たちの成長を確認することができます。

誰かと比べて１位とか２位といった順位付けではなく、自分では確認することが難しい「成長の確認」をすることができるのが「ほめる表彰式」であり、皆から「この半年でこれだけ成長した。がんばったね」と認めてもらえる表彰式なのです。

すぐに成長する人もいれば、時間をかけながらゆっくりと成長していく人もいます。成長の速度には人それぞれの違いがあります。大切なのは人と人とを比較して、速い遅いといった基準で評価するのではなく、ある期間にどれだけがんばり、どれだけ成長したのかをしっかりと見て評価することです。

「ほめ達」に必要なのは、**一人ひとりをしっかりと見ていくこと**です。困難の中で逃げたくなる人もいれば、困難の中で自らを大きく成長させる人もいます。スタートダッシュは素晴らしいもののその後の伸びが鈍る人もいれば、最初からゆっくりではあっても着実に成長し続ける人もいます。

人は一人ひとり違うものであるということを前提に、一人ひとりの価値をしっかりと見つけ、一人ひとりにその価値を伝え、人としての成長を手助けしていくことが「ほめ達」の役割です。そして、人の違いをしっかりと見て、それぞれの人の良さ、価値を見つけ出し、成長を支える過程に、「ほめ達」自身の成長があります。

人を変えることはできません。しかし、人に影響を与えることはできます。「ほめ達」は、周りの人に良い影響を与えることができる人なのです。

25 共通言語を使った コミュニケーション

違いを知ることは大切だが、組織としての一体感も必要

❖ 使う言葉に違いがあるとコミュニケーションが困難になる

「ほめ達」とは、違いを知り、違いを活用する人です。

違いをうまく活用することができれば、自分では決して出てこなかったアイデアを、人から引き出せるようになります。✲22でも述べたとおり、違いをうまく活用することで、難しい課題を前にしても「万策尽きない」人が「ほめ達」です。

そして、組織で何かをするためには「○○とは」といったしっかりとした共通言語を持つことが必要になります。

たとえば、「お客さまに、きちんとした挨拶をしましょう」という目標を立てたとします。しかし、「きちんとした挨拶」について皆がばらばらの理解をしていたら、ある人が「きちんとした挨拶」をしているつもりでも、同僚や上司から見ると「きちんとした挨拶」をしていないと感じることもあります。

大切なのは、「自分が思う『きちんとした挨拶』をする」ことではなく、「その組織として、その組織のお客さまにとっての『きちんとした挨拶』をする」ことなのです。

そこで、「きちんとした挨拶」について、「共通言語」を使ってしっかりと理解を合わせていく必要があります。

たとえば、「きちんとした挨拶」で行うお辞儀とは、挨拶しながらする同時礼なのか、挨拶をしたあとお辞儀をする分離礼なのか、さ

らには、お辞儀の角度を決めて統一したイメージづくりをするのか、というように、「共通言語」を積み上げていきます。

違いを知ることは大切ですが、組織においては組織としての一体感が必要です。**一体感があってこそ、さらなる成長・発展も可能になる**のです。

チャンクの大小も違いの一つ

チャンクを上げる癖のある上司が、チャンクを下げる癖のある部下にいくら熱く語ったとしても、上司が思うほどには思いは伝わりません。

組織では、こうした違いをどう乗り越えるかが問題になります。

乗り越えるための方策の一つとして、ルールやマニュアルがあります。しかし、違いを乗り越えるために最も大切なのは、共通言語を持つことです。**一つの言葉を聞いて、全員のイメージが揃うこと**です。何か指示を出すときには、相手と自分のチャンクの大きさがそろっていることを確認しましょう。

相手は、「お客様を出口までお見送りするべきなのか、部屋を出たところで引き返すべきなのか」という細かいことに対する疑問があるのかもしれません。それに対し、「お客様の満足度が重要」といったチャンクの高い話をしても、相手を戸惑わせることになります。

組織のなかで周りに行動を起こさせるのが上手な人は、無意識で「チャンク」を使った考え方をしています。より具体的に落とし込んで（チャンクを下げて）進めていきながら、行き詰まると再びチャンクを上げて、自分と周囲のモチベーションをかき立てるのです。

ほめ言葉は、チャンクを上げて相手にエネルギーを充填（じゅうてん）するものです。ほめ言葉を伝え、「あとはこうすれば…」と伝えると、相手は行動を起こしやすくなります。

26 「ほめ達」の魔法が消える瞬間

人は悪い数字や出来事に出合うと感情に揺り動かされる

❖ 悪い数字や出来事には感情が伴う

　私は、「ほめ達」として生きていくことを決意し、ほめることは「癖ですから」と言えるほどに、すべての言動や行動を「ほめる」につなげて考えるようにしています。そして今の時代、「ほめる」ことほど大切なことはないとも信じています。しかし、そんな私でさえ、「ほめる」ための能力や「ほめる」大切さへの認識を一気に失う瞬間があります。それは、数字を見た瞬間です。

　私も会社を経営しているため、経営上のあまり良くない数字を見た瞬間、ほめる力のすべてが奪われます。私は、自分にこの傾向があることを自覚しています。

　そして、あら探し、犯人探しが始まります。

　「あいつら知恵を出していない」「あいつら努力も工夫もしていない」「この数字は誰に責任があるんだ」

　親が子どもの成績を見た瞬間も同様です。

　「宿題やりなさいってあれほど言ったのに」「ゲームばっかりして」

　このように、マイナスの思考が一斉に動き出すのです。

　良くない数字を見たときに大事なのは、「なぜこういう結果になってしまったのか」という原因を調べ、数字を良い方向へ変えることです。決して、「また、指示したことをやっていない」「誰が悪いんだ」というあら探しや犯人探しをすることではありません。

悪い数字を見ると、誰でもプラスの気持ちや前向きな気持ちが、マイナスの気持ちや後ろ向きの気持ちになってしまうものです。これを自覚しておきましょう。

そして、悪い数字を見たときには、次のように考え直し、元の冷静な自分に戻ろうとすることが大切です。

「今、こういう悪い数字を見たからマイナスの気持ちになっている。大事なことは犯人を探して相手を責め立てることじゃない。結果を変えることだ」

問題が起きたときに感情的になり、パニックに陥ってうろたえてしまうのは、第1部❀3で述べたとおり、出来事は、出来事単体ではなく、必ず感情を伴ってやって来るからです。感情が邪魔をして、**「出来事に対する正しい答え」を出にくくする**のです。

どれほど冷静な人であっても、感情を完全に抑えるのは難しいのです。しかし、出来事と感情をなるべく切り離して、出来事単体の意味や価値について考えてみることが必要です。

感情に動かされても冷静に戻る

人間的に「できている人」とは、感情の動かない人ではありません。**感情からのリカバリーが他の人よりも少しだけ早い人**です。さらに、リカバリーできて冷静になると、あら探しや犯人探しよりも、**結果を変えるための具体的な行動について考え、そのためのヒントや指示を出せる人**です。

組織の状態は、毎月の数字でチェックされます。そして数字には、当然波があります。いいときばかりではありません。まして、昨今のように厳しい環境では、悪い数字が出ることも少なくありません。

組織のリーダーが悪い数字を見ると、たとえ普段は自分の周りのスタッフのいいところを探して、相手に伝えようと心がけている

リーダーであっても、思考が停止し、次々とマイナスの感情やネガティブな感情が浮かんできます。

　すると、せっかく身についていた「ほめる」ことを忘れ、すべてあら探しや犯人探しになってしまいます。どのような組織でも、あら探しや犯人探しから始めると、組織は硬直化して、次の行動につながりません。指摘されたことは事実かもしれませんが、そのまま「あら」として伝えると、相手のモチベーションは下がり、次の行動を起こすきっかけとはなりにくいのです

　一方、何度も述べてきましたが、指摘したい事実をほめて伝えると、気づきにつながり、指摘していないところまで改善されるという良い循環につながります。

　悪い数字を見て、もしあら探しや犯人探しに走りそうになったら、**まずは元の冷静な自分に戻ろうとする**ことが大切です。

　人は悪い出来事に出合うと感情に揺り動かされます。「ほめる」ことを忘れないように、もう一人の自分、冷静な自分をつくっておくことが必要なのです。

感情から攻撃に向かわない

　先に述べたとおり、「悪い数字」を見るのは、組織の中だけではありません。家庭でも起きることなのです。

　たとえば、子どもがテストで悪い点数を取ってきたり、結果がひどく下がった成績表を持ち帰ってきたりすることもあるでしょう。そのとき、冷静になって、「これは何のチャンスだろう」と考え、そこに価値を見出すことができるでしょうか。

　もしも悪い点数を取ってきたのが「近所の子」や「孫」なら、冷静にアドバイスもできるでしょうが、「わが子」となると話は違ってきます。経営者が悪い数字を見て、一瞬にして「ほめる」ことを忘

れるように、親もわが子の悪い点数を前にすると、一瞬にして「ほめる」ことを忘れるのです。そして、マイナスの思考が一斉に動き出すのです。

まず、成績が下がったという結果を見て、マイナスの思考が動き、「このままだと、どんどん成績が悪くなって、ろくな学校へ行けない」という悪いイメージがわきます。そして、あら探しや犯人探しを始めます。「だから言ったでしょ。なんでまたテレビ見てるの」「ゲームばっかりしてるからでしょ。もうゲーム禁止」と、子どもに対して攻撃的になります。こうがみがみ言われては、子どもも居たたまれなくなります。

「成績が下がった」ことは事実です。子どもだって成績が下がったことを気にして、少しは勉強しようという気になっているかもしれません。それなのに、親から一方的に「テレビばかり見てる」「ゲームばかりしてる」と責められては、モチベーションは下がる一方です。これでは「次はがんばろう」「もうちょっと勉強しよう」という気持ちなど消え去ってしまいます。

出来事と感情を少しだけ切り離すということです。自分の状態を理解しましょう。

「今は感情が自分を支配して、冷静な判断ができなくなっている」

冷静になれば、子どもに対して「今、何をすべきか」がきっと見えてくるはずです。「ほめ達」とはいえ、やはり人間です。上司なら数字を見てかっとなり、親なら子どもの成績を見て頭に血が上ります。しかし、その感情に流されてしまうと、せっかく積み上げてきた「ほめる」の効力が消えてしまうのです。

冷静になり、今やるべきことを再確認しましょう。それによって、部下や子どもも、上司や親の言葉に耳を傾けます。部下と上司・子どもと親との間に、**安心と信頼の関係が生まれ、やがては数字も成績も改善されていく**のです。

27 「ほめっ放しの罪」が相手の成長を止める

成長のためには自己効力感を繰り返すことが大切

成長の構成要素

　人はどうすれば成長できるでしょうか。もちろん、機会さえ与えれば自分で成長していく人もいますが、たいていの人は、「自分はやればできるんだ」という確信（**自己効力感**）を持つことがきっかけとなります。自己効力感を高めるには、4つのポイントがあります。

①**成功体験（スモールステップの考え方）**
②**モデリング（見本を見せる）**
③**言語的説得（具体的にほめる・認める）**
④**不安や恐怖をなくす（安心・安全な場作り）**

　人が成長するというのは、階段を1段ずつ上っていくようなものですが、1段の高さが何cmが適当かは、人によって異なります。ある人にとっては軽く上れる段差も、ある人にとっては何mもの壁に見えるかもしれません。高すぎる人には、段差を減らした階段（スモールステップ）を用意すればよいのです。1段目を上れれば、あとは楽に上れるようになります。

　自己効力感とは自己に対する信頼感や有能感のことであり、簡単に言うと、「自分は、やればできそうな人間だ」という確信です。相手の成長を促すうえで非常に重要な要素です。

　成功体験のためには、スモールステップの考え方が重要になります。

見せる　成長
スモールステップ

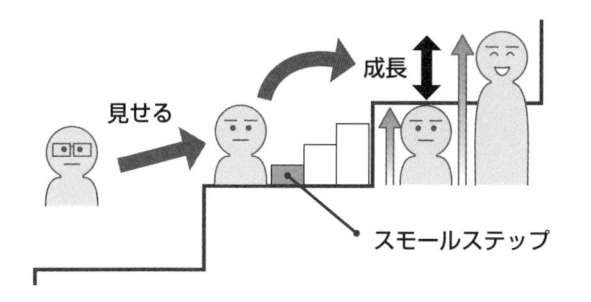

ほめっ放しの罪

　自己効力感を高めるためには、小さくても成功体験を積ませ、「君はここまで上がってきて、こんなことまでできるようになったね」と認めて、成長をほめることが必要です。
　もちろん目指すゴールははるか先にあり、そこに行き着くまでにはまだまだ大変な努力が必要でしょう。道半ばではあります。
　まだ道半ばなのにほめることに対して、次のような抵抗を感じる人もいます。
　「ここでほめたりすると、増長しませんか。慢心して成長がストップしませんか」
　ほめることで、相手が「俺はもう十分がんばった」「私はできるんだ」と自己満足して、増長したり慢心したりということがあれば、それは相手が悪いのではありません。ほめた側の「ほめっ放しの罪」です。
　ほめて相手のモチベーションが上がって、「ほめるっていいよね」と考えるのは、半分正しくて、半分間違っています。
　ほめること、成長を認められることで、相手のモチベーションは上がります。しかし、モチベーションを上げるだけ上げて、その後はなにもしないのは有害です。**上がったモチベーションを、さらな**

る成長へとつなげることが大変重要なのです。

　「君はここまで上がってきて、こんなことまでできるようになったね」と認めて、「じゃあ、次はこういうことをがんばってみよう。次はこういうことに挑戦したらどうだろう。そうすればもっともっと成長できるよ」

　このように、次のステップを用意することが必要なのです。ただほめて相手を気持ちよくさせるのは、「ほめっ放しの罪」です。相手が成長し、何かができるようになったら、次のステップをきちんと用意して指し示します。これにより、「ほめる」ことは、次への成長に向かうモチベーションとなるのです。

　「ほめっ放しの罪」で成長を止める慢心にするか、「ほめる」ことを成長へのモチベーションとするかは、**ほめる人が相手のことをどれだけ真剣に考えているか**で決まるともいえます。

　モチベーションはもろ刃の剣です。モチベーションを上げてそのままにすると、マイナスの学習になってしまう場合があります。気持ちだけが盛り上がっても、行動を起こさないと結果が変わりません。成長が止まり、やがて壁にぶつかり、あの気持ちの盛り上がりは何だったのかと逆に落ち込んでしまいます。自分の成長が止まったことを認めたくないために、成長できない理由を自分以外のところに求めることさえもあります。

　ほめっ放しは、叱りっ放しと同じぐらい罪が深いのです。

ほめっ放しの罪を防ぐためのポイント

　しかし、次のステップを指し示したなら、「ほめる」ことの役目が終わるわけではありません。

　「次はこういうことに挑戦してみよう」と言って、新しいことに挑戦させた場合、うまくいけば「よかったね、がんばったね、次はこ

ういうことをやったらどうだろう」と伝えればいいでしょう。しかし、もしうまくいかなかったときは、どうすればいいのでしょうか。

挑戦させて相手が失敗したときに何もしないのは、さらに重い罪になります。うまくいかなかったときは、次のように声をかけます。

「結果は出なかったけれども、君自身はすごい成長しているよ。そこは僕が見てるよ」

新しい行動をしたことで、その結果によって起きたことを見つけて、価値として伝えるのです。

以上ではじめて、「ほめる」ことのワンクールが終了します。

上司には、部下に指示だけ出して、そのあとのフォローを怠る人がいますが、それでは上司としての責任を果たしているとはいえません。

自分の出した指示を本気で実現したいのなら、結果がどうなったかは何が何でも知りたいはずです。また、結果を見届けたいと考えるのが当然のはずです。フォローを怠るということは、結果に関心がないということです。すなわち、指示に対する本気度も低いということなのです。

「報連相」という言葉があり、組織の仕事は、報告・連絡・相談が基本です。指示には報告がつきものですが、「報連相」がないからといって結果を見届けない上司にも責任があるのです。

子どもを育てるときも同じことが言えます。本気で成長を願うなら、決して、ほめっ放しにはしません。もちろん、叱りっ放しにもしません。ほめたあと、叱ったあとは、きちんとフォローし、さらなる成長のために何が必要かを伝えようとするはずです。

「ほめる」ことはとても大切なことです。しかし、ほめるだけではただの「ほめっ放し」になってしまいます。ほめたあとのことも考えてほめることが大切なのです。

28 「ほめる」メッセージをメモで伝える

「叱るときは口頭で、ほめるときは文章にして渡す」

「ほめる」「叱る」のバランスを取る

「ほめる」ことにも、心がけるべきルールがあります。

まず、「ほめる」ことだけではだめで、「叱る」だけでももちろんだめで、両方のバランスを取ることが必要です。そして、もう一つ覚えておきたいのが、次のことです。

「叱るときは口頭で、ほめるときは文章にして渡す」

このことを頭に入れておくと、ほめることだけでなく、叱ることもより効果的にできるようになります。

日本ほめる達人協会では、「ほめる」ことを手軽に実践できるように、「ほめも」を発売しています。

「ほめも」とは、ほめるメモの略称で、相手に「ほめる」メッセージを伝えるための専用付箋です。小さなサイズですが、メッセージを紙面からはみ出すほど書いたり、裏面まで使って書いたりすると、渡された相手は「書ききれないほどほめてもらっている」と感動してくれます。

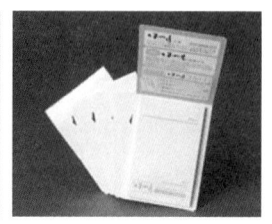

なぜ、「書く」ことが効果的なのかというと、書いてもらったものは残しておくことができるからです。

自分が本当につらくなったとき、自分は必要とされていないのではないかという気持ちになったとき、「ほめも」を取り出して読み返すことで、次のようなことに気がつきます。

「一緒に働いている人が、わざわざ紙に書いて感謝の気持ちを伝えてくれた」

「自分にとっては何気ないことだったけれど、相手はこんな感謝を伝えてくれた」

「ほめも」の力

「ほめも」に書かれた言葉の一つひとつが、受け止った相手の心にしみじみと伝わります。ある飲食店の例を紹介します。

．．

ある飲食店では、毎月のミーティングで、店長がスタッフへの言葉を用意してほめています。失敗ばかりのスタッフにも「失敗したけれど成長した。ありがとう」という言葉をかけるのです。

「ダメスタッフ」と思われていた子は、1枚の「ほめも」をいつも穴が開くほど見つめ、自分を励まし、日々努力したお陰で、数か月後には表彰式で最優秀をもらうほどのスタッフへと成長しました。さらに、この表彰式では、感謝の手紙でメッセージが伝えられました。

．．

「ほめる」ときは文章にして、紙に書いて渡しましょう。書いた人にとっては何気ない「ほめも」が、**相手のがんばりを支えることも、相手の人生を変えることもある**のです。

「ほめる」ためのルールをしっかりと頭に入れて、「ほめる」が持つ素晴らしい力を最大限に生かしてください。

29 「ほめる」のは誰のため？

「一番成長し価値を得たのは、実は自分だったんだ」

∴「価値はある」と信じることが最も重要

✿16で述べたとおり、私たちの周りには、「ダイヤモンドの原石」がたくさん眠っています。しかし、原石は原石であるため、磨かなければただの「石ころ」にも見えてしまいます。周りにいる存在を「石ころ」と思うか、「ダイヤモンドの原石」と信じるかどうかが、「ほめる」生き方の分岐点です。

ほとんどのものは石ころに見えても、少しでも光っているところを見つけて磨き、そしてスポットライトを当てるのが「ほめ達」です。信じて磨いていると、ある瞬間から「石ころ」が「ダイヤモンドの原石」であることがわかり、突然輝き始めます。自分の周りの人が、皆こうした輝きを放つようになると「照り返し」が起きます。自分が信じて磨いたダイヤモンドの輝きで、自分自身が光り始めるようになるのです。つまり、周りの価値を高めれば高めるほど、中央にいる自分も照り返しによって美しく輝き始めることになるのです。

「ほめ達」がやるべきことは、周りの価値に気づくことです。自分一人でできることには限りがありますが、自分に足りないものは自分の周りに助けてもらえばいいのです。周りにあるダイヤモンドの原石から価値を発見し、輝き出す手伝いをするのです。「ほめ達」とは、周りを輝かせ、その照り返しによって輝く生き方をする人なのです。

「ほめる」ことの間違った使い方

　「ほめる」ことを、周りの人のコントロールに使おうとしてはいけません。「ほめる」ことの正しい使い方は、次のとおりです。
①ほめると、まず自分が変わる
②相手を見る目が変わる
③見る目が変わることによって、相手が変化してくる
④相手の変化を見て、また自分が成長する

　これが「ほめる」ことの正しい流れなのですが、相手をコントロールするつもりで「ほめる」と、次のような結果になります。

　自信のない人は、相手をコントロールするつもりでいることに気がつき、「こいつは自分を変えよう（コントロールしよう）としているな」と身構えてしまいます。こちらが「変わらないといけない。変えようよ」と言った瞬間に、「このままではダメだぞ」と言われていると感じ、全否定と受け取ってしまうのです。

　相手に自分を認めてもらったうえで何か言われるのであれば、「足りないものを足そうとしてくれているな」と感じることができます。「足そう」というのは、「『器のあるあなた』に、もう少し入れたいのです」という意味合いです。

　一方、自分を認めてもらっていないと考えている場合は、「自分を無理やり変えようとしている」と反発を感じてしまいます。せっかくの「足そう」という気持ちからの言葉も、好意ではなく否定と聞こえてしまいます。

　「ほめる」ことは、誰かを思いどおりにコントロールするテクニックではありません。「ほめる」ということは、「足りない分を足してあげる」ことです。これは、**「ほめ達」としての大前提**であり、忘れてはならないことです。

❖「ほめる」ことには即効性はない

　たとえば、「ほめも」をこつこつと書いて渡し続けても、効果はすぐには表れません。しかし、小さなことを伝え続けていると、自分自身がたくさんのことに気づき、働くことの価値を再確認するようになります。価値を見つけ、価値を伝えていると、相手の感謝や笑顔に出会うことが多くなります。すると、自分の心の持ち方も変わり、その結果、周りの言動も変わっていくのです。いい循環が生まれ、自分も周りの人も、以前よりも楽しい気持ちで生活できるようになっていくのです。

　「ほめる」ことを実践したからといって、売上や来店数が劇的に増えるわけではありません。しかし、1か月、2か月と根気よく続けていると、少しずつお客さまの反応が変わり、やがて注文が増えたり、友だちと一緒に来てくれたりするようになってきます。

　「ほめる」ことは、即効性のある魔法ではありません。しかし、周りの価値を信じて、価値を見つけ、価値を伝えることを続けていると、周りが輝き始め、さまざまな変化が起きてきます。さらには、**魔法のような効果を実感できる**ようになります。周りの人が元気になる、自分の組織が元気になる、そして接する人すべてが元気になってきます。すると、次のことに気づきます。

　「人生において、成長の可能性と価値を知り、一番成長し価値を得たのは、実は自分だったんだ」

　「ほめ達」とは、**周りを輝かせ、その輝きによって自分の価値を知り、自分が輝くことのできる人**なのです。何度も言いますが、「ほめる」ことを他人のコントロールには使えません。人は変えることはできません。人には影響を与えることしかできません。そして、相手に与えるよい影響は、自分にもよい効果を及ぼします。

🌱一生に一度だけのプレゼント

　世界一の投資家であり「オマハの賢人」と呼ばれるウォーレン・バフェットは、自分の身体を「一生のうち最初にして最後に手に入れる自動車」とたとえています。

　バフェットの言葉は、次のように問い掛けています。

　「この自動車は精霊からのプレゼントで、自分が最も好きな自動車を選ぶことができます。しかし、もし、人生の最後まで乗り続けなければならないとすれば、あなたはどうしますか」

　車をもらった人は、当然、大切にし、錆びたり傷が付いたりすればすぐに修理します。間違っても乱暴な乗り方をしたり、満足な手入れをしないなどということはないはずです。人間の肉体と頭脳も、車と同様に、常に磨き手入れを怠らなければ、いつまでも性能が良く元気に過ごすことができるというわけです。

　「一生に一度だけ」という制約はあまりに厳しすぎるように思えますが、人生に制約があるからこそ、人はその人生を大切にし、精一杯生きることができるのです。

巻末

さらに「ほめ達」になるために

●モチベーション理論

理論名	理論の説明	提唱者
Ｘ理論・Ｙ理論	Ｘ理論とは、「人間は本来仕事をするのが嫌いであり、強制や命令をしないと働かない」という考え方。Ｙ理論とは、「仕事をするのは人間の本性であり、自ら設定した目標に対しては、積極的に働く」という考え方	ダグラス・マクレガー
２要因理論（動機づけ・衛生理論）	人間の欲求を、動機づけ要因（人間として成長して自己実現を満たすという欲求）と、衛生要因（意欲を減退させない、不快を回避したいという欲求）の独立した２つの要因にわけて研究する理論	フレデリック・ハーズバーグ
公平理論	職務に対する労力とそこから得られる報酬を比較し、他者と比べて自分が公平に評価されているかどうかがモチベーションに影響するという理論。労力と報酬のバランスが他者と比べて公平に評価されていることが動機づけとなる。	アダムス
目標設定理論	人間は設定された目標を受け入れた場合、その目標が、①困難で、②明瞭であればあるほど個人のパフォーマンスやモチベーションは向上するという理論	エドウィン・ロック
期待理論	動機づけは、①職務遂行の努力が何らかの個人的報酬につながるであろうという期待と、②その報酬に対して持つ主観的価値で決まるという理論	ヴルーム、ポーター／ローラー
学習性無力感	どれだけ努力してもどうしようもないという経験を積み重ねると、「何をやっても無意味だ」と考え、その状態を脱け出す努力をしなくなるというもの	マーティン・セリグマン

理論名	理論の説明	提唱者
認知的評価理論	やる気は、内側から起こる内発的動機づけと、外から影響を受ける外発的動機づけがあるとする理論。①自主性（自分で選択する喜び）、②有能感（自分が有能と感じる喜び）、③関係性（尊敬し合える仲間とともにとり組んでいると感じる喜び）があるとき、人は内発的に動機づけられるというもの	エドワード．L．デシ
学習動機の２要因モデル	学習しようと思う意義、目的、動機を分類・構造化したもので、縦軸に学習内容の重要性（内容に対する関心度合い）、横軸に学習の功利性（学習により得られるものについての関心度合い）を取り、①充実志向、②訓練志向、③実用志向、④関係志向、⑤自尊志向、⑥報酬志向の６つの種類の学習動機を分類構造化したもの	市川伸一
選択理論	人は外部の刺激を１つの情報としてインプットし、目的のもとにさまざまな行動を自ら選択するという考え方。人間の行動には目的があり、行動は外的刺激によって誘発されるのではなく、内側から起こってくるというもの	ウィリアム・グラッサー
フロー理論	人間はフロー状態（内発的報酬が最大限に得られる状態）にあるときに最大の能力を発揮するという考え方。経験自体が楽しいために、それに対しては多くの時間や労力を費やせるというもの	ミハイ・チクセントミハイ

●ほめ達！用語解説

用語	解説
心の内戦	本物の銃弾は飛び交っていないが、いじめや無視、パワーハラスメントなど目に見えない銃弾で、心優しい人々が、次々と倒れていくさま。毎年3万人近くの人が自ら命を絶ち、心の病で苦しむ人がたくさんいる異常な状態のこと。
ほめっ放しの罪	ほめた後、相手が調子に乗ってしまう、天狗になってしまう場合のことをさす。 叱るときは、相手も自分の中にも、少し気まずさが残るためフォローすることが多いが、ほめるときには、ほめた後、フォローせずにそのままにしてしまうことが多い。ほめっ放しは罪である。 ほめた後、上がった相手のモチベーションの使い道を伝えて、さらなる成長につながるアドバイスをすることが大切。相手の成長のために「ほめる」ことを活用するのであれば、このほめっ放しの罪について留意しておくことが大切である。
チャンク	チャンクとは、元々は塊（かたまり）の意味。言葉の認識の塊が大きくなると抽象度が上がり、これをチャンクが上がるという。また、チャンクを下げていくと言葉の具体度が上がる。 チャンクの高い言葉には、「幸せ」「愛」などがあり、チャンクの高い言葉は、言葉そのものが持つエネルギーが大きい。ただし、実現性と再現性に乏しい。逆にチャンクを下げた言葉、特に相手に行動を促す指示の言葉、たとえば、「相手の目を見て、このタイミングで笑顔しましょう」という指示は、具体的で実現性と再現性が高いが、その言葉にはほとんどエネルギーが残っていない。チャンクの流れ（大小）を意識しながらコミュニケーションをとることが、相手に伝わるという意味で重要である。

用語	解説
ピグマリオン効果	1960年代アメリカの心理学者ローゼンタールが発見・報告した効果。優秀だと思い込んで指導した生徒の成績が他の生徒に比べ大きく上がったが、実際には、生徒の能力には差はなく、指導する教師の思い込みの差だけで、成績の違いが出たというもの。ピグマリオンとは、ギリシャ神話の中でピグマリオン王が恋焦がれた女性の彫像が、その願いに応えたアプロディテ神の力で人間化したと言う伝説に由来する。
コーチング	人材育成の手法の一つ。「コーチ」(COACH) とは馬車を意味し、馬車が人を目的地に運ぶところから、転じて「コーチングを受ける人（クライアント）を目標達成に導く人」を指すようになった。よく知られたところではスポーツ選手の指導があるが、現在では、交流分析や神経言語プログラミング（NLP）などの手法を取り入れて、ビジネスや個人の目標達成の援助にも応用されている。
マズローの欲求5段階説	アブラハム・マズローは、人間の基本的欲求を下位から次の5段階に分類した。 ・生理的欲求（physiological need） ・安全の欲求（safety need） ・所属と愛の欲求（social need/love and belonging） ・承認の欲求（esteem） ・自己実現の欲求（self actualization） このことから「階層説」とも呼ばれる。
心のコップが下を向く（知覚的防衛）	知覚的防衛とは、知覚者にとって不快な刺激、忌避される刺激は知覚されにくい現象のこと。 正しいことをそのまま伝えても、相手のモチベーションを下げるだけで、相手の心の中に届かない。聞いていても、聞いていないという状態になる。知覚的防御が働くことを知り、相手の心のコップをまず上に向けることが大切。心のコップを上に向ける代表的な手法が「ほめる」こと。

用語	解説
ジョハリの窓	自分をどのように公開し、隠蔽（いんぺい）するか、自己の公開とコミュニケーションの円滑化を考えるために提案されたモデル。ジョハリは提案した2人の名前を組み合わせたもの。 自己には、「公開された自己」「隠された自己」があるとともに、「自分は気がついていないものの、他人が知っている自己」と「誰からもまだ知られていない自己」がある。
脳の人称システム	脳は人称を識別できない。人称とは、私、あなた、彼・彼女などである。つまり、誰かの悪口を言うことは、脳レベルでは、自分自身を悪く言うのと同じことであり、誰かのいいところを見つけて伝える、称賛する、ほめることは、自分の価値を自分に伝えているのと同じことである。つまり、もっともよくほめる人は、もっともよくほめられている人である。
ほめ達！にふさわしい考え方	（3級認定カードより） ・すべての人の可能性と成長を信じる ・つねに学び続ける ・すべての出来事は、必然・必要・ベストと考える ・人間力の向上に努める（ほめられた方が嬉しくなる人間性を身につける） ・「ほめ達！」の普及に協力・努力する
心の視野・ラベリング・ほめ脳	つねに価値を発見しようとする「ほめ脳」になると、「心の視野」が広がる。普段私たちは、周りのすべてに心の中でラベルを貼り、その狭い部分しか見なくなる。これが「ラベリング」である。 「ほめ達」になるということは、何気なく貼っているラベルをはがし、広い視野で世の中のすべてを見て価値を発見して伝えることである。 ほめ脳になり、ラベリングをやめると心の視野が広がって、幸せを見つけやすくなる。「ほめる」とは、怠け癖のある脳を楽しく、こき使ってあげることである。

用語	解説
自己効力感	心理学者アルバート・バンデューラによって提唱された心理学用語。自己に対する信頼感や有能感のこと。非常に簡単にいうと、「自分は、やればできそうな人間だという確信」。成長を促すうえで非常に重要な要素である。この自己効力感を高める源泉は、次の４つである。 ・成功体験を積ませる（スモールステップの考え方で） ・モデリング（これなら自分でもできそうだという見本を見せる） ・言語的説得（言葉で具体的な事例・エピソードでほめる） ・安全な場づくり（失敗の奨励、明るい雰囲気づくり、笑顔） ・自己効力感を高める この４つで、人は驚くほど成長し始める。
「ほめ脳」になって、すぐに得られるメリット	・今まで見えなかったものが見えるようになる ・今までわからなかったアイデアがわくようになる
「ほめ達」を続けていて得られるメリット	・プラスの引き寄せが強くなる ・引き立てられ力が上がる

● 「ほめ達！検定」3級試験問題

問題1　「自分が言われて嬉しいほめ言葉！」
　自分が言われて嬉しいほめ言葉をできるだけ多く書き出してください。
※目標は30個
※制限時間は5分間

問題2 「価値の創造」

　想像力・創造力を働かせて考えてみましょう。
　以下の一般的な短所を長所に言い換えてください。
※制限時間は3分間

・気が弱い
_____

・空気を読めない
_____

・ケチである
_____

・決断力がない
_____

・わがままだ
_____

・でしゃばりだ
_____

・気まぐれだ
_____

・落ち着きがない
_____

問題3 「価値の発見　人物編」

　あなたの「周りの人」の素晴らしい点を探して、書き出してください。

※制限時間は5分間

　対象：まず一人を選んでください。

　　　　※その人との関係を下記から選んで○を付けてください。

　　　　　上司・部下・同僚・親・兄弟・妻・夫・子ども・その他

その人の名前：＿＿＿＿＿＿＿＿＿＿＿＿＿＿＿＿＿＿＿＿＿＿＿＿＿

素晴らしい点（具体的に）

問題４　「価値の発見　出来事編」

「これは何のチャンスでしょう？」
　次の出来事の価値を発見して、伝えてください。

※制限時間は５分間

・５万円の入った財布を落とした！

・家族とけんかした！

・上司が理不尽な指示を出してきた！
　※上司がいないという人は、お客様が、あるいは家族がというように、それ
　　ぞれの立場に置き換えてください。

・大切なテレビ番組の録画を、家族のミスで失敗した！

・大切な約束に遅刻した！

問題5　「人生の価値を伝える」

　「あなたにとって、○○とは…」
　　聞く人に元気と勇気を与える表現を考えて伝えてください。
※短い言葉、15文字ぐらいで
※制限時間は3分間

あなたにとって…

・人生とは…

| |
| |

・仕事とは…

| |
| |

・家族とは…

| |
| |

・友人とは…

| |
| |

● 「ほめ達！検定」3級試験問題参考解答例

問題1 「自分が言われて嬉しいほめ言葉！」
【解答例】
・かっこいい・かわいい・綺麗・美人・男前・品がある・女性らしい・活き活きしている・若々しい・知的・賢い・明るい・楽しい・優しい・素直・正直・親切・丁寧・誠実・真面目・冷静・温かい・爽やか・愛想がよい・笑顔が素敵・性格がいい・おもしろい・心が広い・愛情が深い・輝いている・礼儀正しい・愛がある・思いやりがある・気が利く・心配りができる・面倒見がよい・周りをよく見ている・人のことを考えることができる・言葉遣いがいい・センスがいい・おしゃれ・話し上手・聞き上手・努力家・勉強家・まめ・行動力がある・仕事ができる・判断力がある・根気がある・持続力がある・頑張っている・ポジティブ・粘り強い・影響力がある・信頼できる・切り返しがうまい・きっちりしている・ユニーク・アクティブ・社交的・アイデアマン・段取りがよい・テキパキしている・効率がよい・話がうまい・落ち着きがある・君しかいない・頼りになる・一緒にいたい・一緒に生きたい・ついていきたい・安心できる・ほっとする・和む・癒される・理想的・人に勇気を与える・素の自分が出せた・心が洗われた・パワーをもらえた・あなたといると元気になれる・何でも相談できそう・絶対無理と言わない・人の成功を喜べる・友達が多い・常に相手のいいところを探している・知識が豊富・ありがとう・すごい・感謝・さすがだね・やりますね・君でよかった・助かった・会えてよかった・かけがえのない人だ・太陽のようだ・やっぱりあなたでよかった・バランスがいいね・信念を持っている

問題2 「価値の創造」
【解答例】
- 気が弱い
  - 優しい・繊細・思いやりがある・人の気持ちがわかる

- 空気を読めない
  - 自分らしさを持っている・人に流されない・堂々としている・慎重である・場の空気を変える力がある・主張を持っている

- ケチである
  - 節約家・堅実・金銭感覚が鋭い・自分にとって何が大切かわかっている・意志が強い

- 決断力がない
  - 慎重に物事を考える・いろいろアイデアが浮かぶ・人の話が聞ける・フレキシブル

- わがままだ
  - 積極的・自信がある・率先力がある・自分を持っている・自分の主張に自信がある・よりよくなる方法を探している

- でしゃばりだ
  - 世話好き・行動力がある・対応力がある・信念がある・リーダーシップがある

- 気まぐれだ
  - いろいろな考えができる・発想力が豊か・常に新しい・生き方が積極的だ・刺激的

- 落ち着きがない
  - 元気がよい・遊び心がある・周りを常に見ている・スピード感がある・行動的・積極的

問題4 「価値の発見　出来事編」
【解答例】
・5万円の入った財布を落とした！

- ・お金の価値に気づく機会ができた
- ・5万円で済んでよかった
- ・新しい財布を買うチャンス
- ・必要でない物を整理するチャンス
- ・大変だけど財布でよかった

・家族とけんかした

- ・絆を深めるチャンス
- ・本音の意見のやり取りができた
- ・お互いのことを理解し合える機会ができた

・上司が理不尽な指示を出してきた！

- ・成長するチャンス
- ・自分の可能性、未知を知るチャンス
- ・自分に能力があると認めてくれている

・大切なテレビ番組の録画を、家族のミスで失敗した！

- ・テレビを見ずに家族団欒の時間へ
- ・もっと大切なことに時間を使うチャンス
- ・家族全員で録画方法を確認するチャンス
- ・録画していそうな友人に連絡、コミュニケーションを取るチャンス

・大切な約束に遅刻した！

- ・最近の自分を振り返り、油断がなかったかを確認するチャンス
- ・時間管理のチェック
- ・今後、二度と遅刻しない工夫をするチャンス
- ・相手が想定している以上にお詫びをして印象づけるチャンス

●著者紹介

西村 貴好（にしむら　たかよし）

一般社団法人日本ほめる達人協会理事長。有限会社シーズ代表取締役。
1968年生まれ。関西大学法学部卒業。野村不動産に入社後、野村ホーム注文住宅部門に配属。1年目で、全社新人販売最高レコードを達成。1993年には、結婚を機に家業の不動産管理業務に従事。ホテルの現場マネージメント勤務を経験し、サービス業で働くスタッフのモチベーションの大切さを実感する。
2005年に覆面調査会社「ホスピタリティ・デザインC's」を設立。2007年より現在の「ほめること」に特化した調査内容・報告を実施する。
2010年には、「ほめ達（ほめる達人）検定」を開始。2011年10月には一般社団法人日本ほめる達人協会を設立し理事長に就任。
著書：『繁盛店の「ほめる」仕組み』（同文舘出版）『ほめる生き方』（マガジンハウス）『心をひらく「ほめグセ」の魔法』『泣く子もほめる！「ほめ達」の魔法』（以上、経済界）ほか

【お問い合わせ】
一般社団法人　日本ほめる達人協会
TEL：06-6539-1950　FAX：06-6948-8558
E-mail：kouhou@hometatsu.jp
・一般社団法人日本ほめる達人協会公式サイト　http://www.hometatsu.jp/
・ほめ達！西村貴好オフィシャルブログ　http://ameblo.jp/nishitaka217/
・Twitter　@homerutatsujin
・Facebook　西村貴好で検索

1・2・3級対応!　　ほめ達! 検定公式テキスト

2013年11月10日　初版第1刷発行
2023年10月20日　　　　第7刷発行

著　　者──西村貴好
　　　　　　　© 2013　Takayoshi Nishimura
発 行 者──張　士洛
発 行 所──日本能率協会マネジメントセンター
〒103-6009　東京都中央区日本橋2-7-1　東京日本橋タワー
TEL　03（6362）4339（編集）／03（6362）4558（販売）
FAX　03（3272）8127（編集・販売）
https://www.jmam.co.jp/

装　　丁──冨澤崇（EBranch）
本文DTP──株式会社森の印刷屋
印　刷　所──広研印刷株式会社
製　本　所──株式会社三森製本所

本書の内容の一部または全部を無断で複写複製（コピー）することは、法律で認められた場合を除き、著作者及び出版者の権利の侵害となりますので、あらかじめ小社あて許諾を求めてください。

ISBN 978-4-8207-4853-3 C3034
落丁・乱丁はおとりかえします。
PRINTED IN JAPAN

J MAM 好評既刊図書

マンガでやさしくわかるNLP

山崎啓支　著
サノマリナ　作画

能力開発の実践手法、NLP（神経言語プログラミング）の基本知識や実践の基礎が、マンガを読みながらやさしく学べる本。
四六判240頁

マンガでやさしくわかる NLPコミュニケーション

山崎啓支　著
サノマリナ　作画

『マンガでやさしくわかるNLP』の第2弾。NLPを使ってコミュニケーションのさまざまな問題を解決する方法をやさしく学べる本。
四六判256頁

マンガでやさしくわかる 認知行動療法

玉井仁　著
星井博文　シナリオ
深森あき　作画

うつ病の治療法として、また、普段のイライラ、不安の対処法として注目されている「認知行動療法」をマンガと詳しい解説で学べる本。
四六判240頁

マンガでやさしくわかるアサーション

平木典子　著
サノマリナ　作画
星井博文　シナリオ制作

コミュニケーションの方法として人気の高いアサーションを、第一人者による解説とわかりやすいマンガのストーリーで楽しく学べる本。
四六判208頁

日本能率協会マネジメントセンター